これで
身につく
山歩き

地図
の読み方

千秋社 編

るるぶ
DO!

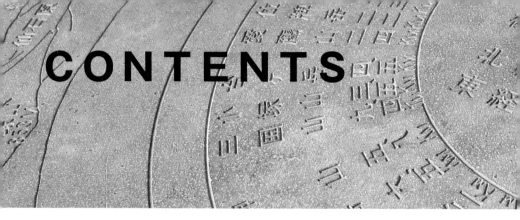

CONTENTS

 地図の読み方を覚えよう ・・・・・・・・・・・・・ 6

地図からより多くの情報を読み取る
地形図を見てわかるポイント
コンパスを使ってみよう

第1章 地形図を知る ・・・・・・・・・・・・・・・・・・・・ 13

第4章 地形図を見ながら山を歩く ……103

CONTENTS

地図の読み方を覚えよう

山を歩くとき、登山地図とスマートフォンの
GPSアプリケーションを利用している人は多い。
登山地図にはコースタイムや施設の情報、注意点などが書かれており、
この登山地図と現在地を教えてくれるGPSを持っていれば、
多くの場合、スムーズに山を歩くことが可能となる。
しかし、地形図の見方がわかると、さらに多くのコースの情報が得られる。
地図の読み方を学ぶことの意味を紹介していこう。

砂払ノ頭付近から見た奥秩父・金峰
山山頂部（左／P120で紹介）。地
図の読み方がわかると、区間ごとの
アップダウンや傾斜も把握できる

地図からより多くの情報を読み取る

「地図を読む」ことは、地図に書かれている説明や
コースタイムの数字だけを見ることではなく、
図に表示されている記号など、さまざまな情報から地形を読み取ること。
登山地図やGPSアプリのベースの地図にも
コースの傾斜やアップダウンを知るカギとなる等高線が入れられている。
地形図の読み方を学んで等高線の描かれた方の特徴を知ることによって
地図やアプリが表している情報を最大限に生かすことができるのだ。

登山地図の例

水場やトイレの情報、コースタイムなどが表示されている登山地図は登山計画を立てるときも、山歩きのときにも欠かせない存在。一般的な登山地図は縮尺が5万分の1で、等高線は20m間隔に表示されている。ただし、情報量が多いぶん、等高線はやや読み取りにくい。

GPSアプリの例

2万5000分の1地形図をベースにしたGPSアプリは等高線が10mごとに入れられている。これから登っていく登山道の等高線を見れば傾斜が急なのか、ゆるやかなのかを把握できる。また画面を拡大すれば等高線の様子がより詳しくわかる(GPSアプリの活用法はP146に掲載)。

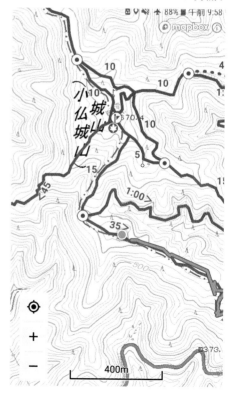

高尾山稜・景信山から小仏バス停へ向かう途中、傾斜がゆるやかな区間が現れる（P11の地形図上のB地点）

地形図でコース状況を把握する

　山へ行く計画を立てるとき、どのような手順で進めているだろうか。ガイドブックやインターネットを見て登りたい山を探し、コースタイムや技術レベルをチェックして自分の実力に見合ったコースを選ぶ。そして、行き帰りに利用する電車やバスの時間を調べ、行動予定やエスケープルートをまとめた登山計画書を作る。ここまで準備すれば、完璧に近いといえる。

　ただ、出発前にもうひとつ加えてほしい作業がある。それは国土地理院の2万5000分の1地形図で歩く予定のコースを追ってみること。ガイドブックにも「急な登りが続く」「アップダウンがある」といった情報は記されているが、地形図の読み方を身につければ、図を見てどの地点の傾斜が急で、急な区間の距離がどれくらいあるのか、アップダウン時の標高差はどれく

らいかなどを把握できる。コースの全体像をより具体的につかめればペース配分が考えやすくなり、バテの防止にもつながる。

　なお、市販されている2万5000分の1地形図と同様の図をウェブサイトの「地理院地図」（P45に掲載）で閲覧できるので、地形図がない場合にはウェブ上の地図を利用するといい。

地形図を見てわかるポイント

国土地理院が発行する2万5000分の1地形図には
コース中にある施設やコースタイムなどは記されていないが、
そのぶん等高線が見やすく、コースの状況をつかむのに適している。
ここでは高尾山稜の大垂水峠から城山、景信山へと歩くコースを追いながら、
地形図から読み取れるポイントを紹介しよう。

1 急傾斜の道

同じ標高の地点をつないだ線である等高線の間隔が狭いこの区間は傾斜が急な個所。地形図どおりに急斜面をジグザグに登っていく（等高線の説明はP24に掲載）。

2 ゆるやかな道

等高線の間隔がゆったりした、ゆるやかな登り。高尾山稜には緩傾斜の道が多く、歩きやすいことが人気の理由のひとつだ。

3 ピーク

大垂水峠から城山（小仏城山）までの区間で、3とAの2つの小ピークを越える。ピークが点在する区間ではアップダウンを繰り返すことになるので、ピークの数は体力度を測る参考となる（ピークの見分け方はP50に掲載）。

4 記号のある地点

地形図にはさまざまな記号が表示されている。城山山頂の北側にあるこの記号は電波塔で、登山道は電波塔の横を通っていく。電波塔や送電線などの構造物は現在地を把握するポイントになる（主な地図記号はP26〜31に掲載）。

5 コル

高みと高みの間にある低くなった個所がコル（鞍部）で、小仏峠もコルになる。ピークなどの高みとコルとの間に描かれている等高線の数を数えれば、高みとコルとのおおよその標高差がわかる（コルの見分け方はP64に掲載）。

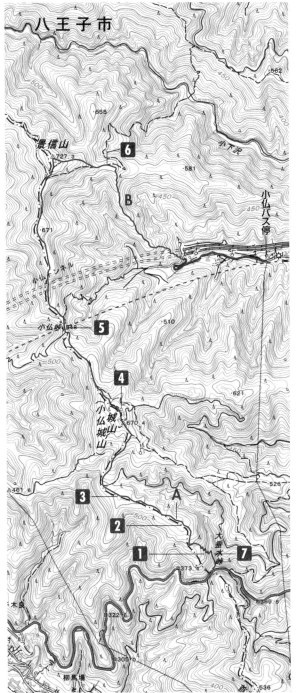

6 尾根道

ピークなどの高みから等高線がつき出しているところが尾根にあたり、この地点は景信山から東へ延びる主尾根から右へ分かれる支尾根に入る地点。あらかじめ地形図を見て、景信山から500m弱下ると主尾根から外れて右へ行くことを先読みしておくと道標にも気づきやすく、道迷いのリスクを軽減することにつながる（尾根の見分け方はP54に掲載）。

7 谷間の道

P8に掲載した登山地図を見てもわからないが、大垂水峠から登山道に入ると最初は沢に沿って進む。地形図に河川を示す水色の流れが示されていなくても、谷に水が流れていることもある。バス停のある道路から標高差で20mほど登って沢から離れ、左手の斜面を登っていく（谷の見分け方はP58に掲載）。

与瀬

P112で紹介する高水三山の岩茸石山山頂からの展望（北西側）。コンパスを使ってまずは目をひく山から同定し、使い方に慣れていこう

コンパスを使ってみよう

コンパスは山での楽しみを広げてくれるだけでなく、
もしものときには頼れる存在となる。
見える山を調べたいとき、地図とコンパスでその山を特定することができる。
また現在地がわかっていても霧などで視界がきかずに
どちらに進めばいいかわからないとき、コンパスは正しい進路を教えてくれる。

地図のよき相棒となるコンパス

　展望のよい場所で山並みを眺めながら個々の山の名前を確定させる山座同定。現在はスマートフォン用の山座同定アプリの種類が増えているが、地図とコンパスを使って自分の手でひとつひとつ山名を同定していく作業も楽しい。コンパスの使い方を覚えれば、地形図上にある進みたい方向へ自分の体を向けることもでき、道に迷いやすい状況下では心強い味方になってくれる（コンパスの使い方はP84〜97に掲載）。

岩稜帯や平坦地などの迷いやすい地形で視界がきかないとき、コンパスがあれば進む方向を確認できる

第1章

地形図を知る

地形図ってどんなもの？

地形の様子や環境をつかみやすい図

　山登りの入門書や登山の雑誌を読むと、山へ出かけるときには地形図を持っていこうと書かれている。でも、地形図は普通の地図と比べてどう違うのだろうか。

　地図には使用する目的に応じてさまざまな種類がある。たとえば車を運転する人のために道路を見やすく掲載したものが道路地図で、山を歩く人のために登山道を見やすく表示してコースのポイント、区間タイムを入れたものが登山地図だ。

　地形図も地図のひとつ。横から眺めると高低差があって家や樹木などのある地形を、真上から見て表現したもので、その土地の地形と環境の様子をわかりやすく示した図といえる。土地のアップダウンや生えている樹木や植物、あるいはその場所がどのような環境になっているのか（荒地や湿地など）を表示している。

　この地形図は茨城県つくば市にある国土地理院が作成している。上空から撮影した空中写真をもとにし、現地調査や地元の自治体から資料を収集して編集作業を行なう。縮尺が2万5000分の1の地形図はいろいろな地図のベースとなっている日本の基本図である。

　地形や環境がわかりやすい図といっても、ビルなどの建物が並ぶ都市部と山々が連なる山岳エリアとでは大きく様相が異なっている。都市部の地形図内には建物が密集していて、通常の道路地図とそれほど違いがないように見える。一方、山岳地の図では、標高の等しい地点をつないだ線である等高線が幾重にも描かれていて、高低差のある土地であることがわかる。そして、記号によってその場所がどのようになっているのか、どういったものが生えているのかが示されている。

　この地図記号には数多くの種類があり、植生に関するものでは針葉樹林や広葉樹林、ハイマツ地、田、畑などを表すものが、地形に関するものでは湿地や岩の崖、土の崖などを示すものがある。そのほか、道路や鉄道、建物を表す記号もたくさんあり、地形図上で用いられている記号は120を超えている。

都市部の2万5000分の1地形図

　市街地には建物や道路が多く、オレンジ色の建物の記号が目立っている。都市部は地形に傾斜がないことも多いので、地形を知るためというよりも道路や建物の位置を知るための図としての役割が強い。

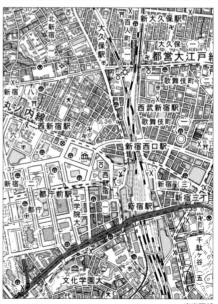

東京西部

地形図と道路地図の比較

　上が2万5000分の1地形図、下が一般的な道路地図で、ともに東京の八王子市にある高尾山周辺を掲載したもの。傾斜のある山が含まれてくると地形図には標高を知る目安となる等高線が数多く描かれる。道路がわかりやすくなっている普通の地図と比べて、等高線に目が行きやすくなる。

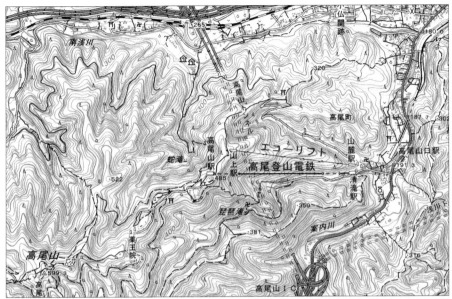

八王子・与瀬

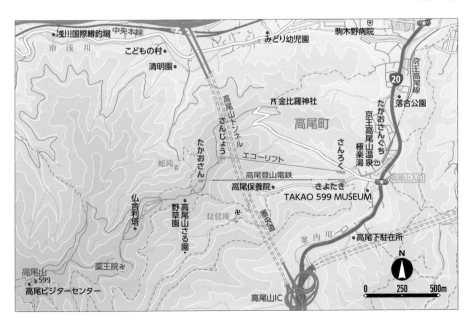

地形図にはどんな種類がある？

日本の基本図である2万5000分の1地形図

国土地理院が刊行している地形図には縮尺の異なるいくつかの種類がある。その中で日本の全域をカバーしている最も詳しい図が2万5000分の1地形図だ。250mの距離が1cmで表され、日本の国土を4000面以上に分けて刊行されており、「東京首部」「上高地」「槍ヶ岳」「トムラウシ山」というように、図ごとに図名がついている。等高線は10m間隔で表示されていて、山の地形の様子や傾斜などを読み取るのに適しており、本書でもこの2万5000分の1地形図を対象として地図の読み方を解説していく。

2万5000図は2013年に図式が「平成25年2万5千分1地形図図式」に変更され、それまでの3色刷りから多色刷りになり、国道や高速道路、建物記号などが色分けされて道路や施設が見分けやすくなった。2013年11月から25年式図式の図への入れ替えが進められている。

この2万5000図は、紙の地形図（印刷図）のほか、インターネットを利用してダウンロードするオンデマンド版の電子地図や、DVDやCD形式の電子地図も販売されている。紙の地形図は新たな図が刊行されるまでに数年かかり、中には20年ほど新図が刊行されていない地域もある。一方、電子地形図は新設された道路や主要な建物の移転などの情報が更新されるのが早いというメリットをもつ。またオンデマンド版には紙の図と同じ定型図郭版と、図の中心位置とサイズを指定する自由図郭版がある。道路や建物、等高線の色も3〜4色の中から選択でき、オリジナルの地形図をカスタマイズできるのもオンデマンド版の特徴だ。

そのほかの地形図

国土地理院発行の地形図には、東京・大阪などの主要都市に限定された1万分の1地形図、2万5000図4面分が収録された5万分の1地形図もあるが、現在はどちらも新規の刊行が停止されており、1万図には販売が終了になったエリアもある。

一般的な登山地図には縮尺が5万分の1のものが多いが、距離の長い登山コースや縦走路全体を見るには2万5000図よりも5万図のほうが適している。1950〜60年代には山岳地の2万5000分の1地形図が少なかったうえ、登山地図なども販売されておらず、「上高地」や「秦野」をはじめとする山岳地が掲載された5万図は当時の登山者の必需品だった。

このほか、5万図16面分の範囲を収めた20万分の1地勢図も発行されている。この20万図は広い山岳エリア全体を把握して山の位置関係を調べたり、山頂などで見える山の名前を調べるときに役立つ。

国土地理院は、日本の基本図である2万5000分の1地形図のほか、さまざまな縮尺の地図を刊行している

2万5000分の1地形図と5万分の1地形図

　左は2万5000図の「穂高岳」、右は5万図の「上高地」。どちらの図も2019年時点で購入できるが、5万図は新規の刊行が停止され、「上高地」には1993年時点の情報に基づいた修正しか加えられておらず、2018年発行の「穂高岳」に比べて情報が古い。たとえば長塀山周辺の登山道のつき方が2万5000図とは異なり、長塀山三角点の標高も違っている。この「上高地」には、現在は廃道になった登山道も表示されている。

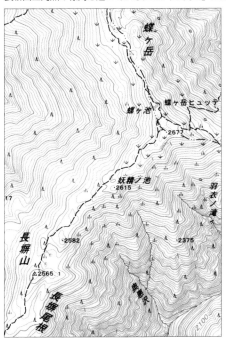

20万分の1地勢図

　長野・岐阜・富山の3県にまたがった20万図「高山」。20万図は6色刷りで、南北70km、東西80kmを超える範囲が収められている。この図には北アルプスの剱岳から乗鞍岳までが載せられている。

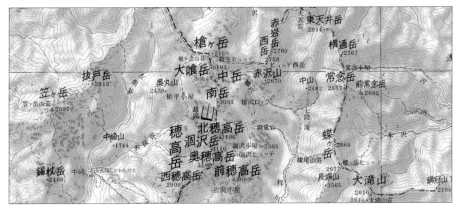

地形図の見方

2万5000図に描かれていること

　一般的な道路地図には登山道などの歩道は載っていなかったり、薄い線で入れられている程度のケースが多い。それに対し、2万5000図には国道や林道などの道路だけでなく、登山道もわかりやすく記されており、コースが山の中をどのように延びているかが把握しやすい。

　ただし、地形図上に載っている文字情報は多くはない。山名のほかには峠や沢の名前など、限られた地点名しか掲載されておらず、時には山名さえ載っていないこともある。そのぶん、コース中に示されている標高の数字や沢の流れ、周囲の山の様子などに目が行きやすく、地形をチェックするのに適しているといえる。なお、1枚の地形図の範囲は緯度・経度によって区切られており、登山コースが何枚かの2万5000図にまたがっていることもある。

登山道の表現

　地形図上で細い破線で表されている徒歩道❶が登山道にあたる。図中にある数字❷はその地点の標高を示す。緯度・経度などを測量するときに基準となる点である三角点が設置されているピーク（山頂）❸は右下の日の出山のように三角形の記号が置かれているが、三角点のない通常のピーク❹には左下の1077m峰のように、標高点のみが記されている。標高の載っていないピークもある。

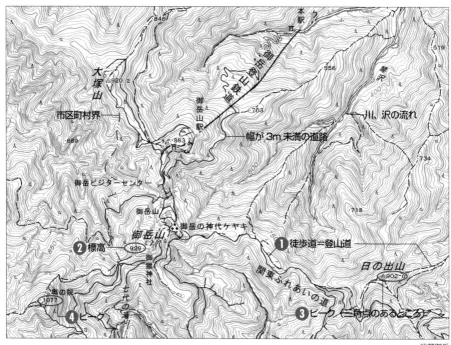

武蔵御岳

地形図の周囲に記されていること

平成27年 1月 調製
著作権所有兼発行者
国土地理院
この地形図の複製等については
測量法の定めによる
平成27年 5月 1日発行 1版

A 図名
地形図の名称。漢字で書かれた名称の上にひらがなで読み方が記されている。名称は図の右下のスケールの上にもある。

B 索引図
この図と隣接する地形図。コース全体が1枚の2万5000図に収まらない登山コースも多いが、その場合はこの索引図を見てコースの続きが載っている地形図を探す。

C 地域図
広範囲のエリア図の中に、この図がどこに位置しているかを茶色で示している。

D 行政区画
図内の都道府県名および市町村名を示したもので、上にあるのが行政を区分けした図。この地形図のように2万5000図1枚が複数の市町村にまたがっていることが多い。

E 地図図形式
記号や文字の大きさなどを決めた地形図作成のための図式。2013年11月から「平成25年2万5千分1地形図図式」をとり入れた多色刷りの地形図が刊行されているが、2019年現在、平成14年式図式などの図もある。

F 磁気偏角
地形図では上が北（真北）にあたるが、磁石の指す北である磁北とは一致しない。磁北は本州付近で6〜9度、場所によっては9度30分ほど西にかたよる。磁気偏角とは、その地形図内の地点で磁北がどれくらいどの方向にかたよっているかを示したもの。

G 記号説明
地形図内に用いられている記号の説明。ここに紹介されていない記号もある。

H 実際の距離
500m、1000mの距離が地形図上でどのような長さになっているかを示したもので、スケールと呼ばれる。

I 緯度・経度値
2002年から世界基準の緯度・経度数値が使用されている。それまで使用されていた日本測地系とはずれがある。

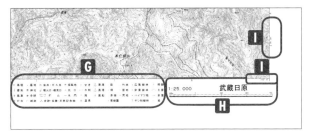

登山コース選びにも役立つ知識

地図にはいくつかの決まりごとがある。ここでは地図のルールを紹介していこう。

縮尺（スケール）

地形図上ではすべてのものが実際の距離を縮めて描かれている。実際の距離と地形図上の長さを比較したものが縮尺で、スケールと呼ばれている。2万5000図は実際の長さを2万5000分の1に縮尺している。つまり、1kmの長さは1km（＝1000m、10万cm）÷2万5000＝4cm。地形図上の1cmが実際の250mになっている。

縮尺率が倍になる5万分の1地形図では2万5000図に比べて図上でものの長さが半分になる。5万図で短いように見える登山コースが2万5000図上では2倍の長さになるので、最初にスケールをチェックすることが大切だ。

なお、縮尺が大きいという意味は大きく表現されているということ。例を挙げると2500分の1や5000分の1の地図が大縮尺、2万5000分の1や5万分の1の地図が中縮尺、50万分の1や100万分の1の地図が小縮尺ということになる。

方位

方位は東・西・南・北によって表される。ガイドブックなどの地図を見ると、地図内に北を表す「N」が上であることを示す方位マークが必ず入っている。地形図上にはこの方位マークはないが、図の上の方角が北、下が南である。

北が上であることは一般的に地図の常識になっていて、このことを知っておくと登山するコースを選ぶときのひとつの判断材料にもなる。たとえば、山頂から図の上方である北へ続いているコースでは、日の短くなる晩秋以降には午後の早めの時間から日が当たらなくなって薄暗くなることが多い。また日の当たる時間が短いため、冬場には降った雪が残りやすいので南側のコースを選んだほうがいい、といったコース選びの目安のひとつになる。

さまざまなスケール

上から2万5000図、5万図、20万図のスケール。縮尺によって地図上の長さが大きく違ってくる。スケールは実際の距離を知るために地図には欠かせないものだ。

いろいろな方位マーク

方位マークの形は地図の種類によってさまざまで、図の四隅のうちのどこかに、スケールと並べて置かれていることが多い。北を示すNが真上になっていない地図もある。

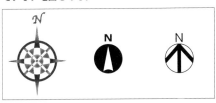

緯度・経度

平成25年地形図図式が用いられている2万5000図では、図の上方と下方に経度が、左右に緯度が記載されている。たとえば「139°7′30″」と記されているが、単位は139度7分30秒となる（60進法で、1度は60分、1分は60秒）。この緯度と経度について説明しよう。

緯度は地球の中央を走る赤道が0度で、この赤道から南北にどれくらい離れているかを表す度合。北極点が北緯90度、南極点が南緯90度

で、赤道とふたつの極点間に横線である緯線が設定されている。一方、経度はイギリスの旧グリニッジ天文台を通る縦線を基準の経線とし、そこから東西にどれくらい離れているかを示す度合。基準の経線から東回りに見た場合は東経、西回りに見た場合は西経を数値の前につけ、たとえば「東経137度」と表される。

2万5000図には隣接する図と重複する部分も四隅に掲載されているが、1枚の図の範囲（図郭）は緯度と経度によって区画されている。平成25年図式では、経度差7分30秒、緯度差5分ごとの経線・緯線に区画される地域が基本区画。下のイラストからもわかるように、緯線は極点のほうへ行くにしたがって短くなっている。つまり、高緯度にある地域（日本では北にある地域）ほど緯度1度の距離が短く、北海道よりも沖縄のほうが緯度1度の距離が長くなっている。そのため、隣接する図との重複部分の範囲を緯度帯によって変化させることによって（経度差で5秒～1分15秒の範囲）図郭の大きさをそろえている。

緯線と経線

厳密に理解しようとすると複雑なので、緯線は赤道と平行になっている横線、経線は縦線であると覚えておくといい。地球は球体であるため（実際には上下が少し短くなった楕円形）、緯線は赤道にあたる0度の線が最も長く、北極や南極に近づくにつれて短くなっていく。このため、同じ緯度差でも地形図によって表示される面積に違いが生じてくる。

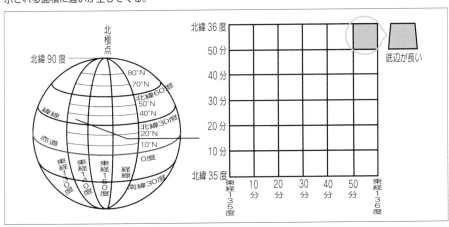

山の地形の特徴を知る

尾根と谷が山を形づくる

地形図を見て山の地形を読み取るためには、まず山の地形について知っておかなければならない。ここでは山岳地の地形の特徴を紹介していこう。

下の図は、山が連なった山並みを描いたもの。山並みは規模によって呼び方が異なり、一般的に大きな山並みは山脈や山地、連峰、やや小規模な山の集まりは山塊や山群と呼ばれる。

山頂にあたる部分がピークだが、山名がつけられていない無名峰や小さく盛り上がった程度

の小ピークも数多く存在している。ピークとピークを結んでいる、山並みの中でいちばん高くなったところが尾根（主尾根）。高いピークとピークをつないだものだけでなく、ピークから山麓に向かって延びる背骨のように盛り上がったところも尾根にあたり、主尾根と区別して支尾根（枝尾根）と呼ばれる。尾根の上につけられた登山道は尾根道という。

この尾根の線や連なりは稜線と呼ばれる。主稜線や支稜線というように、尾根に置き換えら

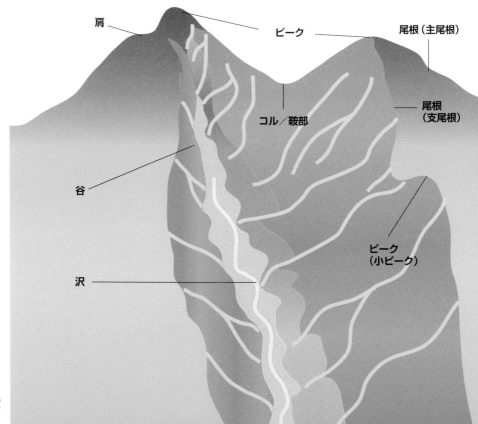

れて用いられることも多く、稜線の「稜」の字を使った表現もたくさんある。たとえば、ピークから東に延びる尾根は東稜、岩におおわれた尾根は岩稜と表現される。

ピークとピークの間にある、低くなった部分をコルや鞍部という。タルミやタワといわれることもあり、山岳地の地図で「大ダルミ」や「大ダワ」という地名を見かけることも少なくない。また、尾根の中で特に急激に切れ落ちているコルのことをキレット（切戸）と呼ぶ。北アルプスの槍ヶ岳と北穂高岳間にある大キレット、八ヶ岳の赤岳と権現岳の間にあるキレットがその例だ。

山並みを越える道は低くなったコルを通過しているものが多い。道がつけられている低くなった場所には古くから峠の名がつき、尾根を乗り越える場所という意味から乗越と名づけられたところもよく見られる。時代の流れとともに道のつけられ方が変わり、現在では尾根に合流する地点を乗越と呼んでいることも多い。北アルプスには別山乗越や水俣乗越、弓折乗越など、「乗越」の名がついた場所がたくさんある。

山並みの中で盛り上がっている尾根に対し、落ち込んでいる部分が谷になり、山は大きく分けると尾根と谷によって形成されている。谷はくぼんで低くなっているため、山に降った雨水や雪解け水が谷に流れ込んで流れをつくり出し、沢となる。山には大小さまざまな谷があり、そうした谷の流れが集まって、下流に行くにしたがってしだいに大きな沢となっていく。逆に、谷の上部へ行くと降雨後以外には流れのないところも多い。

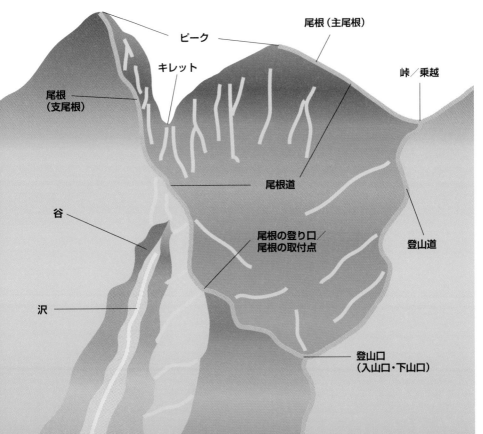

等高線って何のこと？

地形を読むためのカギとなる等高線

等高線とは同じ標高の地点を結んだ線のこと。2万5000図では10mごとに主曲線と呼ばれる細い茶色の等高線が入れられていて、50mおきに計曲線という太い線になっている。

この等高線は地形を知るための大きな手がかりとなる。等高線がたくさん描かれている場所は標高差があるということで、起伏のある地形になる。そして、等高線の間隔が詰まっている場所は短い距離で標高が大きく変わっていることになり、その場所がとても急な傾斜になっていることがわかる。

逆に等高線の間隔が開いているところは、アップダウンの少ない、ゆるやかな土地だ。そして、まっ平らなところには高低差がないために等高線が入っていない。たとえば、平坦な土地が広がる東京都心部や大阪中心部などの地形図には等高線はほとんど見られない。また、尾瀬ヶ原なども平坦な湿原が広がっていて、等高線がまばらにしか入っていない。

はじめのうちは、地形図の等高線を見て、どちら側の標高が高いのかがわからないこともある。山岳地では山名などが載っているピークが標高の高い地点で、そこから沢や川へ向かってしだいに標高が下がっていくので、沢や川側の等高線が低いほうであることを覚えておこう。ピークから等高線が張り出しているところが斜面の中でウマの背のように高くなった尾根を形づくっている。

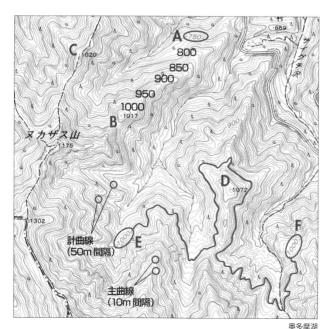

奥多摩湖

標高を知るには

その等高線が標高何m地点のものであるかを知るには、Aのように標高が示された線から割り出していく。Aの地点からは、左下にあるヌカザス山（東京・奥多摩）へ向かって標高が高くなっており、太い計曲線を追っていくとBの山頂が標高1000mの計曲線の内側にあることがわかる。このBやC、Dのような標高が示された地点から標高を割り出していってもいい。

なお、EとFは同じ標高1000mであるため、等高線を追ってみると（赤い太線）つながっている。

山の形と等高線の描かれ方

　ここでは山の形によって等高線がどのようになるのかをチェックしてみよう。ピークは最も高く、その地点よりも標高が高いところはないので、等高線は基本的に丸を描いて閉じている。

　1と2は等高線の密度が異なり、1のようにまばらな場合は斜面がゆるやかなゆったりした形、2のように詰まっている場合には急斜面をもった鋭い姿になる。

　3は山頂部が横に長い山。このような場合はピークを示す等高線も横長になっている。4は谷のある山で、谷を示す等高線はピーク側にくい込んでいるのが特徴だ。

　5と6はふたつのピークを等高線で示したもので、6は左側のピークに顕著な谷がふたつある。谷にはさまれたところは等高線が外側に張り出し、尾根となる。

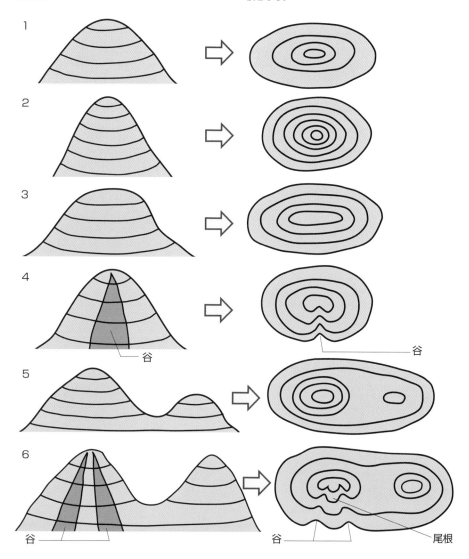

地図記号を覚えよう

地形図にはたくさんの記号が使用されている。記号を覚えると現在地を知る手がかりとなるうえ、地形を観察する楽しみにもつながる。ここでは平成25年2万5千分1地形図図式の記号凡例を紹介しよう。

①地形などの記号

滝

山上から水を落とす滝。上の線側が川の上流、下の小さな丸の側が下流となるように記号が置かれている。流れを見下ろせる谷沿いのコースでは、滝は現在地を知るためのポイントとなるが、高さが5m未満の滝は地形図上に記号が載っていない。

岩

図上で0.3mm×0.3mm以上になるものを表示し、記号は等高線の間に置かれる。右ページ下の使用例のように大きさによって記号は違い、大きな岩になると記号も大きくなる。

湿地

常に水を含み、湿地性の植物が生育している場所を指す。山では湿原に湿地の記号が使われていて、たとえば尾瀬ヶ原にはこの記号が並ぶ。平地の池や沼の周辺でも湿地は見られる。

砂れき地

「れき」とは小石のことで、砂や小石におおわれている場所。等高線と同じ茶色で示されているので、地形図上ではやや見つけづらい。砂れき地の下りでは足を滑らせやすいので注意。

万年雪

夏でも雪が残っている場所を雪渓というが、万年雪は基本的に一年を通して雪がとけないで残っているところ。北海道や東北の高山、北アルプスの3000m峰などの谷沿いで見られる。

 噴火口・噴気口

浅間山や阿蘇山、北アルプス・焼岳などの火山で見られる記号。噴気口は蒸気やガスをふき出すところで、北アルプス・立山の地獄谷周辺にはこの記号が並んでいる。

 岩崖(がけ)

岩でできた急斜面のことで、この記号が多い山は険しい岩山である。北アルプスの穂高連峰や剱岳の周辺には岩崖記号が連なっていて、岩の鎧をまとった峻険な山であることがわかる。

 土崖

土砂の崩壊などによってできた急斜面のことで、岩や岩崖の記号に比べると少ない。降雨後などの土が崩れやすくなっているときにこの記号沿いの登山道を歩く場合は注意したい。

記号の使用例

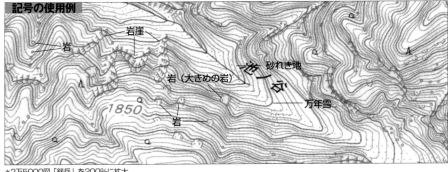

＊2万5000図「剱岳」を200％に拡大

②植生の記号

植生とはそのエリアに生えている植物全体を指す言葉。たとえば、登山道沿いに広葉樹林の記号が並んでいれば、新緑や紅葉が楽しめる山であることが多い。また沖縄の島々の地形図にはヤシ科樹林の記号が載っていたり、記号から地域の特徴を知ることもできる。この植生の記号には、田や畑など、その場所がどのように利用されているかを示すものも含まれている。

Ω 広葉樹林

広葉樹は幅が広く、平たい葉をもつ木の総称。広葉樹林の記号は、自然林の場合には樹高2m以上の木が密生しているところに用いられる。この広葉樹には落葉するものが多い。

Λ 針葉樹林

針のような細長い葉をもった針葉樹で構成される林のこと。都市近郊の低山周辺にこの針葉樹林の記号が並んでいた場合、自然林ではなく、スギやヒノキの植林帯であることが多い。

 ハイマツ地

ハイマツは高山帯に生えるマツ科の低木で、強風の吹く尾根上などでは地面をはうように横に伸びる。高い樹木が生育できない森林限界を超えた場所などにハイマツ地が広がっている。

 荒地

荒地は裸地や雑草の生えたところ、湿地や沼地で水草が生えている場所を指す。実際には荒地記号が置かれる場所は多く、高山植物の咲く山岳地のお花畑もこの記号で表示されている。

笹地

ササや幹の細い竹が生えているところが笹地。ササにはミヤコザサやクマザサ、チシマザサなどがあって登山道の周囲に群生していることが多く、生い茂ってササヤブとなることもある。

田

青色で目をひきやすい田の記号は稲だけでなく、イグサやワサビ、セリなどを栽培している場所にも適用される。等高線の多い場所に田の記号が並んでいれば、そこは棚田と推測できる。

畑

野菜や芝、牧草などを栽培する土地に用いられており、山麓に多い記号のひとつ。リンゴ、ナシ、ブドウなどの果樹を栽培している土地には果樹園の記号が使われている。

茶畑

茶を栽培している土地に置かれている。茶の生産量が多い静岡県には茶畑が多く、生産地として有名な牧之原市のほか、南アルプスの南に位置する井川湖の周辺でもこの記号が見られる。

記号の使用例

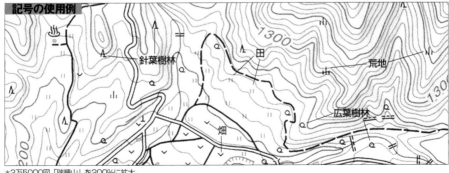

＊2万5000図「瑞牆山」を200％に拡大

③そのほかの記号

地形図上で道路を示す記号は道幅によって分けられている。鉄道の記号も数多く、JR線やJR線以外の鉄道、路面電車、リフトやロープウェイなど、乗り物ごとに記号が決まっている。

電波塔や送電線、せき（堰堤）など、登山コース中に見かけることのある構造物も記号化されているので、知っておくと地形図を見て現在地を把握できるポイントが増える。

 三角点

地形図の作成にあたって、正確な位置を割り出すために測量を行なうが、測量のときに位置の基準となる点が三角点だ。この三角点は必ずしも山頂に設置されているわけではない。

3m未満の道路（軽車道）

車道の中では最も細く、幅3m未満の道路。登山口へのアプローチに利用する林道はこの軽車道であることが多い。舗装されていることも未舗装路であることもある。

 特殊鉄道

山上へのアクセスに使うケーブルカーがこの特殊鉄道にあたる。奥多摩・御岳山の登山鉄道、東京・八王子市にある高尾山の登山電鉄などがこの特殊鉄道の記号で表示されている。

 索道（リフト等）

この記号にはリフトのほか、ロープウェイ、ゴンドラなどが含まれる。北アルプス南部にある新穂高ロープウェイ、兵庫・六甲山の六甲有馬ロープウェーなどがこの記号だ。

記念碑

有名なものやよい目標となるものが入れられ、碑だけでなく、立像もこの記号で表示される。ウエストン碑などのある北アルプス・上高地にはこの記号が点在している。

せき

流水を制御したり、土砂をせき止める堰堤のことで、沢沿いのコースでは見かけることが多い。大小ふたつの記号があり、図上1mm未満の小さなせきが左の記号で表される。

石段

階段状の構造物のこと。山上の社寺に階段が設けられている場合には石段記号が置かれることもあり、御岳山（P18参照）や高尾山などの地形図にはこの記号が入れられている。

電波塔

テレビ、ラジオ、無線通信などの電波塔の中で、主なものが表示されている。山中に建てられていることも多く、高い構造物であるため、山歩きのときにはよい目印になる。茨城にある筑波山のように、山頂周辺に電波塔が並んだ山もある。

送電線

高圧電流を送電する線の中で、よい目標となるものが地形図上に入れられている。電波塔と同じく、遠くからでもわかりやすく、方角や現在地を知るうえで役立つ存在。

地形図と登山地図の比較①

それぞれに長所がある

　一般的な登山地図の縮尺は5万分の1。2万5000分の1地形図と比べると距離が半分の長さで表示されていて、そのぶん広い範囲を1枚の図に収めることができる。たとえば北の蓼科山から南の編笠山まで八ヶ岳全体を見る場合、2万5000分の1地形図では「蓼科山」「蓼科」「八ヶ岳西部」など数枚の図が必要になるが、縮尺5万分の1の山と高原地図『八ヶ岳』（昭文社）には八ヶ岳全体が1枚に収められている。

　右ページの地形図は東京の西に広がる奥多摩に位置する御前山が掲載されている2万5000分の1地形図「奥多摩湖」で、下に載せたのが同じ御前山の登山地図（縮尺5万分の1）だ。ふたつを見比べると、同じコースを表しているのに大きさがずいぶん違っている。

　2万5000図には等高線が10m間隔で描かれているため、20m間隔の5万図と比較すると傾斜をはじめとする地形の様子が把握しやすい。たとえば、地形図を見るとAやBの地点は等高線の間隔が詰まっているのでかなりの急傾斜であることがわかる。登山地図にも「急坂」という注記がつけられているが、「急坂」といっても傾斜や距離はさまざまなので、等高線の詰まり具合や地形図上の長さを目安にしたほうが「急坂」の程度を想定しやすい。また、サス沢山東のC地点はピーク状になった平坦な道が続いていて、その東側がコルになっていることもわかる。さらに、Dの地点でピーク側から等高線が張り出した状態の尾根から登山道が外れ、西へ斜面を横切っていることもわかりやすい。

　一方、文字が少ない印象の地形図（そのぶん等高線が見やすいというメリットがある）に比べて、登山地図にはコース中のポイント名や注意点、トイレ、駐車場の情報など、さまざまな情報が載せられており、登山の計画時にも実際の山歩きのときにも役立つ存在となる。

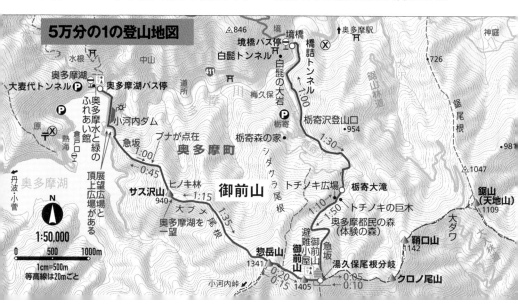

2万5000分の1地形図

奥多摩町

A ── 急斜面

B

C サス沢山

平坦路が続く

コル

D 尾根から外れる

沢沿いの
急な下り

ピークを越えることが
わかりやすい

ピークとピークの間の
コルになっていることがわかる

御前山

避難小屋

地形図と登山地図の比較②

両方の図を携行するのが鉄則

　大雨や台風などの被害で登山道が崩落して通行止めになったり、ルートがつけ替えられることもある。年度版で刊行される登山地図の場合、こうした情報は翌年度版に反映される。一方、国土地理院の2万5000分の1地形図が更新される時期は図によって異なる。たとえば、高速道路が延びたり、鉄道が開通するなど大規模なプロジェクトが完成した場合は速やかに修正されるが、道路の延伸などがなく変化のない地域の地形図は情報が更新された図が刊行されるまでに年月がかかる（電子地形図2万5000は最新の国土基本図をもとにしているので、国土基本図が更新されしだい、情報が反映される）。

　こうした状況から、年度版の登山地図に比べて紙の地形図の登山道の情報は古い場合が多い。現在は廃道になっているコースが表示されている図も少なくなく、また登山者が入り込んではいけない作業道が記されていることもある。地形図を見てこちらのほうが近そうだと下山路に考えていたコースが、現地に行ったら見つからなかったというケースもありえる。

　右ページの地形図は箱根の明神ヶ岳や明星ヶ岳周辺が掲載されている2万5000分の1地形図「関本」「箱根」で、このページの右下に載せたのが同じエリアの登山地図。登山地図では登山道が赤線で示され、歩かれていない道や作業道は入れられていないか、目立たない色や大きさで示されており、道を明確に見分けることが可能だ。一方、地形図ではす

べての徒歩道が同じ細い破線で表されており、現在は踏み跡がなかったり、立ち入り禁止になっているA〜Eのルートも表示されている。また、コースが途切れていて作業道と思われるア〜ウのルートも入っている。

　もちろん、地形図には地形をつかむのに役立つという長所がある。右ページの地形図を見ると、右下の768mピーク付近には小ピークが点在していてアップダウンのある区間になっていることがわかるなど、等高線や地図記号からコース状況を読み取ることができる。こうした点から、地形の様子を把握しやすい地形図と、コースについての情報を多く得ることができる登山地図の両方を持って山を歩くのが望ましい。

ウ

明神ヶ岳
1169.01

登山道の西側が
土崖になっている

E

913m 分岐

せき（堰堤）の間を
通ることがわかる

イ

D

明星ヶ岳
△923.8　ア

C

B

ピーク

A

塔ノ峰

地形図上の表現

表示の基準や地図記号のルールを知る

地形図には多くの記号が使用されており、記号を表示する基準や記号が重なる場合の優先順位など、さまざまなルールが設けられている。ここではそうした地図記号の決まりごとや表示の仕方について紹介していこう。

実際の登山道と地形図上の道

急傾斜の斜面の場合、まっすぐ一直線に登り下りするのは難しいので、登山道はジグザグにつけられていることが多い。だが、地形図上でジグザグになっている登山道を見かけることは多くはない。これは図上で実際の距離を縮めて描かれているために起こることだ。たとえば2万5000図上で横の長さが4〜5㎜ほどのジグザグの徒歩道が表示されていたとすると、実際の道は4〜5㎜の2万5000倍の長さである100〜125mもの横幅でジグザグを切ってい

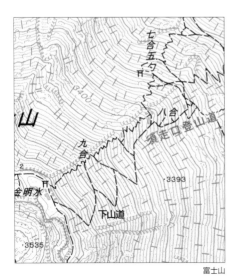

富士山

るコースになる。横幅が10〜20m程度のジグザグ道は地形図上では1㎜以下になり、その道を図上に表現することは難しい。そのため、多くの登山道は複雑なジグザグを描くことなく、おおむねなめらかな線で表されている。

もちろん、大きくジグザグを切って延びる登山道は地形図上でもジグザクに表されている。そのひとつが富士山で、左下の図のように多くの登山道がジグザクに入れられている。山頂部から須走口登山道の八合へ行く下山道は約1㎝もの幅でジグザクに描かれており、およそ250mの幅でジグザクを切っていることがわかる。

ものが省略されることも

実際の大きさの2万5000分の1に縮小して表示している地形図では、すべてのものを図上に入れることが難しい場合がある。たとえば道路が何本も走っている市街地では、すべての道路を入れるとかえってごちゃごちゃして見づらくなるため、道路を適切に取捨選択して表示している。

等高線についても同様で、あまりに急な斜面ですべての等高線を表示するのが困難なときには適宜省略され、紙の地形図では50mおきの計曲線の間に細い主曲線が4本描かれていない場所もある。たとえば、すっぱり切れ落ちた急峻な絶壁で知られる北アルプス・北穂高岳西側の滝谷周辺を地形図で見ると、主曲線が省略されている個所が多く、太い計曲線が目立っている。

また、都府県などの境界線が途切れていることがあるが、境界線が入っていないところは境

界が定まっていない。この代表例は富士山で、山頂周辺は境界未定地になっている。東側から延びる静岡と山梨の県境線は、最高点の剣ヶ峰から5kmほど東にある小富士の手前で途切れており、西側の県境線も山頂手前で切れていて、山頂周辺には県境線が入っていない。

記号には優先順位がある

県境に位置する山はたくさんあり、登山コースが県境と一致していることも多い。その場合、地形図には登山道と境界線である都府県界が並んで入れられているが、正しい位置に記されているのは登山道のほうで、無形のものである境界線はわずかにずらして表示されている。

このように、地形図上では記号が重ならないように最小限の範囲で位置をずらす（転位する）ことが行なわれている。転位にあたっては記号の優先順位が決められていて、山岳地周辺でよく見られるもののなかで最も優先して表示されるのは三角点だ。次いで一本の青い線で示される細めの河川、道路、鉄道、幅のある河川、崖などの自然物、建物などの人工物、植生、行政界などの無形物という順番になっている。

三俣蓮華岳

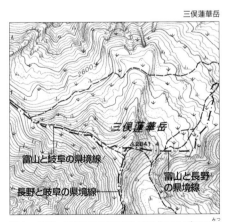

富山・長野・岐阜の3県にまたがる北アルプスの三俣蓮華岳。三角点が最優先して正しい位置に置かれ、県境線は登山道の下や横に入れられている。

建物の描かれ方

平成25年地形図図式では、建物は普通建物、高層建物など4つに区分されている。山小屋や避難小屋は普通建物の記号で表示され、山中にある休憩舎や茶屋などの建物も記載されることが多い。登山道沿いに小屋や休憩舎以外の建物記号が置かれている場合、その場所は車両が通行できる林道などの道路から近いことが多い。

平成14年図式では、役場や郵便局、学校などの建物記号は建物の中央下に置かれていた。そのため、記号のある位置がその施設の場所のように見えてしまうこともあったが、平成25年図式では建物内部の中央に表示することが原則になった。

著名な建物と地域の状況を表現するために必要なものについては名称が付され、地域の状況を示すという点から山小屋の名称は載せられている。下に北アルプスの立山や剱岳への入口となる室堂平の地形図を載せたが、立山室堂山荘や雷鳥荘などの山小屋の名前は記載されているが、室堂ターミナルに隣接するホテル立山の名称は表示されていない。

立山

オレンジ色の四角が普通建物の記号。室堂ターミナル内に簡易郵便局があり、郵便局の記号がターミナルの建物記号の上に示されている。

パンフレットの山の地図は使える？

パンフレットにもさまざまなタイプが

山麓の駅や観光案内所などに置かれている観光パンフレットの中にハイキングマップが載っていることがある。実際のところ、このパンフレットの地図だけを持ってハイキングしている人も見られるが、パンフレットの地図って信頼できるものなのだろうか。

観光パンフレットは鉄道会社やケーブルカーなどの索道会社、役場、観光協会などが作っており、鉄道の駅や観光案内所、役場などで入手することができる。実際の距離を無視してかなりデフォルメされたイラストマップから、登山地図に近い精度の高いものまで、いろいろな種類がある。

イラストマップの信頼性は？

整備された遊歩道が続き、道沿いに案内板や休憩舎が点在しているような公園化したコースであれば、イラストマップだけでも目的地まで問題なく行くことができるだろう。だが、イラストマップでは地形がわかりづらく、その区間が登りであるのか下りであるのかさえもわからないことがある。

山を歩くときはペース配分も大切。たとえ目安となる歩行時間が記されていたとしても、デフォルメされたイラストマップでは目的地までの距離感をつかむことができないので、それだけを頼りにして歩くことは避けよう。

使える地図の条件は

では、どのような地図であれば役に立つのだろうか。まず、実際の距離を正確に縮めた図であることが第一条件。そして、地図の基本となるスケールや方位マーク、等高線がきちんと載っていて、コースタイムが入っているパンフレットの地図であれば、山に持っていって十分に役立つ。

ただし、パンフレットの大きさに合わせて地図が作られているため、3万7500分の1といった中途半端な縮尺であるものが見られ、距離感がややつかみづらいこともある。また、限定された地図のスペースにコースを収めるために、北の方角が上になっていないものもある。

パンフレット地図にはほかにも短所がある。それは登山口と目的の山を結んだ、限られた範囲しか掲載されていないこと。このことはガイドブックに載っている地図も同様だ。山を歩いていて誤って目的としていたコースとは違う方向へ進んでしまうことはありえるし、天候の急変などのアクシデントによって予定外のコースを歩くこともありえるので、周辺の山も含めて表示されている登山地図と地形図を携行するのがベストである。

パンフレットの地図の精度はさまざまなので、事前に地形図と登山地図を用意して山へ出かけよう

パンフレットの地図の例

　上がイラストで描かれたもの、下が実際の地形を縮めて作成されたものの例。イラストマップの場合は見どころを中心としてデフォルメされていることが多いので、参考にする程度にしよう。コースの中で見られる花や樹木が描かれていて、役立つイラス

トマップもある。

　一方、スケールや等高線が表示された地図は歩くときの目安にすることはできる。ただし、地図中に歩行中の注意点まで入れられたものは少なく、情報量の点では登山地図に劣っている。

地形図の購入方法①

地形図には紙地図とデジタル地図があり、デジタルにはオンラインで購入する電子地図やDVDやCD形式になった電子地図・数値地図がある。購入の仕方は紙地図とオンラインの地図では異なる。このページでは、まず紙地図の入手方法について紹介しよう。紙の地形図は大型書店で販売されているほか、インターネットを利用して購入することもできる。

書店で購入する

書店ならどこでも地形図を扱っているわけではなく、大型の書店または地図専門店、登山用品専門店などで地形図を購入できる。自宅や勤務先周辺にある書店の中で、どこで地形図を取り扱っているかをまず調べる必要がある。地形図の取り扱いについては、書店に直接問い合わせるか、地形図の販売代行をしている日本地図センターのホームページから、「国土地理院地図販売店一覧」で書店を検索する。しかし、よほどの地図専門店でないかぎり、4000を超える図のすべては置いていない。店舗側が選んだエリアしか置かれていないので、自分に必要なエリアが必ずしも購入できるわけではない。

また、取り扱いエリア内でも、希望するものが場合によっては品切れというケースもある。地形図を購入するのがあまりにも山行の直前だと入手できない可能性もあるので、余裕をもって購入したい。

❶ まずは書店の中で、地形図が入っている大きなスチール棚を見つける。ほとんどの書店で、旅行ガイド・地図コーナーの一角に棚がある。地形図は写真のような棚の引き出しに入っている。

❷ 棚の近くに設置されている索引図から、希望するエリアを見つける。索引図は片面が2万5000図、片面が5万図。希望するエリアに書かれている数字が引き出しの目印になる。

❸ この数字に対応する引き出しを開ける。通常は引き出しの下、手前側角に丸い穴が開いていて、この穴に下から指を入れると地形図が盛り上がり探しやすい。

❹ 希望する地形図を見つけたら自分で棚から抜き出し、レジカウンターへ持っていく。通常は同じ地形図が何枚か入れられている。

例＝北アルプスの八方尾根・唐松岳を登山する場合

❶ 北アルプスの八方尾根が地形図のどのエリアに含まれているのかを調べる。ガイドブックに掲載されている情報を参考にするか、日本地図センターのホームページを見て事前に調べておく。

❷ ガイドブックによると、「白馬町」の地形図にあることがわかった。

❸ 書店に行き、「白馬町」がどの引き出しに入っているのかを調べるため、索引図で対応する番号を見る。地形図はその番号の引き出しの中にある。

❹ 「白馬町」の地形図全体を見渡して、八方尾根はこの1枚で足りているのかどうかを確認。周辺の地形図も必要な場合はあわせて購入する。

画像は索引図の一部を切り取ったもの。山名と地形図の名称が同じでないパターンも多々あるので、事前に調べておけば書店で手間どることはない

木	泊	親不知	小	滝	越後大野	湯川内
			H27	H27	H27	H26
日市	舟 見	小川温泉	越後平岩	雨飾山	妙高山	
27	H27	H26	H27	H27	H27	
津	宇奈月	黒薙温泉	白馬岳	雨 中	高妻山	
27	H26	H26	H26	H29	H27	
大浦	毛勝山	欅 平	白馬町	塩 島	戸 隠	
	H26	H26	H26	H29	H27	
岩	剱 岳	十字峡	神 城	高 府	信濃中条	
	H26	H26	H26	H30	H30	
見	立 山	黒部湖	大 町	日 名	稲荷山	
27		H27	H27	H29	H30	

インターネットを利用して購入する

近所に大型書店がない場合や希望するエリアの地形図の取り扱いがない場合、または時間的に書店まで行けない場合などには、インターネットを利用した通信販売が便利である。日本地図センターのホームページでは、全エリアの地形図をネットショッピングで購入できる。またファックス、郵便、メールによる通信販売も可能だ。

では、地図センターのホームページから2万5000分の1地形図を購入する流れを紹介しよう。サイトを立ち上げたらまず「地図 空中写真を買う」をクリックする。次に「地図から購入する」を選択すると日本地図が表示され、地図を拡大すると地図内に2万5000分の1地形図の範囲が示される。地図をさらに拡大していくとそれぞれの地形図に収められている範囲がわかるので、事前に地形図名がわからなくても購入できる。入手したい図が見つかったら、「カートに入れる」をクリックする。

日本地図センター

www.jmc.or.jp/

地形図の購入方法②

オンデマンド版の電子地形図を購入する

電子国土基本図は日本全域をおおう基本データで、2万5000分の1地形図に替わる日本の基本図として位置づけられている。この国土基本図をもとにした地図画像データである「電子地形図25000」にはDVD形式のものと、インターネットを通じてダウンロードするオンデマンド形式のものがあり、どちらも日本地図セ

ンターのホームページ上でオーダーして購入する。オンデマンド版では紙の地形図と同じ図郭になった定形図郭か、自分で好きな範囲を設定できる自由図郭（サイズはA0〜A4まで5種類あり、サイズによって価格が異なる）を選択できる。ここではオンデマンド版で自由図郭の地形図を入手する手順を紹介していこう。

① 日本地図センターのホームページ上で「地図　空中写真を買う」→「地図」→「国土地理院デジタル地図」へと進み、2番目にある「電子地形図25000（オンデマンド版）オンライン」の「ご購入について」をクリックする。

② 次の画面で「地図から購入する」を選択すると下のような自由図郭版の設定画面が表示される。初期設定ではサイズはA3の横向きでカラー地図になっており、サイズがそのままでよければ図の範囲を指定する。

③ 範囲を指定する方法はいくつかある。たとえば北アルプスの乗鞍岳の図を作りたい場合、左側中央の範囲指定に「長野県」「松本市」と入れると乗鞍岳を探しやすい。ここから地図と青色の枠の両方を動かして乗鞍岳方面へ移動する。

④ 範囲が決まったら画像タイプ（PDF・TIFF・JPEG）や解像度、道路や建物の色を決める。左側の下にある詳細設定をクリックすると等高線の色や、送電線などの記号を表示するかを選択できるが、すべて初期設定のままでもいい。

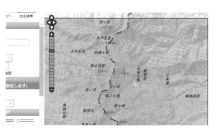

⑤ 設定が決まったら、左側のいちばん下にある「上記の内容でサムネイルを表示」の個所をクリックすると見本画像が表示される。山岳地の地形図の場合、図の見やすさを最も左右するのは等高線の色。初期設定では計曲線・主曲線とも茶色（褐色）になっていて、このほかこげ茶、緑、ピンクの3色を選択できる。下の画像は上が計曲線をこげ茶、主曲線を茶にしたサムネイルで、

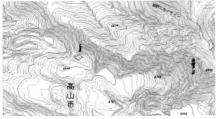

計曲線をこげ茶、主曲線を茶にしたパターン

計曲線・主曲線ともに緑にしたパターン

下が計曲線・主曲線とも緑にしたもの。上に比べると下は計曲線と主曲線の見分けがつきにくいように見える。色をピンクにした場合も同様に見分けがつきにくい印象だ。

サムネイルが希望どおりの範囲や色になっていれば購入へと進む。オンデマンド版は注文を受けてから地図を調製するため、オーダーしてから完成までに通常で30分〜2時間ほどかかる。

⑥ A3サイズで作成した例。図の作成時にタイトルを入れておくと上部にタイトルが記される。四隅には緯度と経度が表示されている。

地形図を印刷するときのポイント

電子地形図のデータを入手したらプリントして使用する。家庭で使用している一般的なプリンターはＡ４サイズまでしか印刷できないが、ひとつのデータを何枚かに分けて印刷する機能（「ポスター印刷」や「分割印刷」という機能）を備えているものが多い。大判プリントができる専門ショップで印刷するとコストがかかるので、Ａ2などの大きめのサイズは分割してプリントし、貼り合わせて使用しよう。

地形図がデータになっている場合、何度でも印刷でき、山行の下調べをするときや登山中に注意点やメモなどを図上に書き入れやすいというメリットがあるが、普通紙は耐久性がなく、

登山中にザックの天蓋などから出し入れしているとヨレヨレになってくる。山行のたびに印刷してもいいが、何度か使いたい場合には厚手の用紙にプリントするといい。

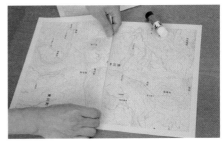

ポスター印刷や分割印刷時には「のりしろ」用の重なり部分をとるとぴったり貼り合わせることができる

地図を身近なものにしてくれるサイト

地図についての知識を深めるために役立つホームページを掲載。紹介するサイトにアクセスすると、地形図について詳しくなるだけでなく、山行を計画するときに有効な情報をゲットできる。

国土地理院

　地形図を作成している国土地理院のホームページで、地図を知るための情報が数多く盛り込まれたサイト。国土や地殻変動についての最新情報や国土地理院が行なっている仕事の内容、測量法など、紹介されている内容は多岐にわたっている。

　トップページの上部に表示された「地理空間情報ライブラリー」には「地図・空中写真閲覧サービス」「図歴（旧版地図）」「古地図コレクション」などのコンテンツがある。「地図・空中写真閲覧サービス」では国土基本図などの地図や空中写真を見ることができる。たとえば、東京の千代田区の空中写真を見てみると1936年に撮影されたものから2019年に撮影されたものまで、200の写真がある。古いものと新しいものを見比べると、その地域の変遷がわかる。

　また「古地図コレクション」では、江戸切絵

図、道中図、明治期の地図などの古地図を閲覧可能だ。日本各地を測量して正確な地図を作ったことで知られる伊能忠敬が作成した伊能図も掲載されている。伊能図は高精細画像を表示できるので、江戸時代後期の国や郡、村の名前もわかって興味深い。

国土地理院　www.gsi.go.jp/

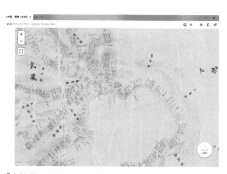

「古地図コレクション」で見られる伊能中図の関東。豊島郡、千葉郡、新座郡などの地名が読み取れる

サイト内には「子どものページ」があり、地図作成の流れや地図記号の変遷などが紹介されている

閲覧できる空中写真の例。近年に撮影された空中写真と地形図を比較してみるのもおもしろい

44

地理院地図

国土地理院の地形図（電子国土基本図）を閲覧できるサイトで、日本の国土の様子を地形図や国土地理院がとらえた写真などによって紹介するウェブ地図。トップページには日本の地図が表示され、上部にある検索バーに山名や地名を入力したり、地図をスクロールして移動することにより、目的の場所の地図（縮尺2万5000分の1よりもさらに精度の高いもの）を見ることができる。このサイトの地図には最新の情報が速やかに反映されており、刊行されている紙の地形図よりも情報は新しい。たとえば、沖縄都市モノレールが2019年10月1日に那覇市の石嶺駅から浦添市のてだこ浦西駅まで延伸されたが、電子国土基本図には同日に延伸の情報が反映され、図が更新されている。

地形図は最大で縮尺1800分の1程度まで拡大することが可能で、等高線を細かくチェックできるのも魅力のひとつ。範囲を決めて地形図を印刷することもでき、サイズ（A4とA3）や印刷する向き（縦と横）、画質なども選択可能だ。また、地形図で見ている場所を3D化したり、登山道をたどってコースの断面図（高低図）を作成することもでき、登山者に役立つ機能が満載されている。

地理院地図 maps.gsi.go.jp/

「地理院地図」のトップページ。国土地理院の電子国土基本図が公開されている。

■地理院地図の利用法

❶ 検索バーに山名や地名を入れると左側に候補の地点が表示されるので、目的の地点をクリックする。たとえば「雲取山」を検索して東京都奥多摩町の雲取山を選択すると下のような画面になる。地図は拡大・縮小が可能だ。

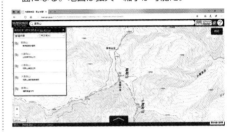

❷ 右上にある機能キーをクリックすると設定やツールなどの項目が表示される。その中の3Dをクリックしてサイズを選ぶと3D画像が見られる。画像をクリックして動かすことによって画像の角度や向きを変えたり、高さ方向の倍率を変えて高低差を強調することもできる。

❸ 同じように機能の断面図をクリックして始点を選択し、登山道を終点までたどっていくと高低図が表示される。この高低図から目的地までの距離と登山道の傾斜を把握できる。

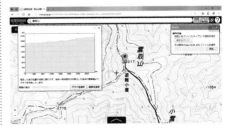

三角点ってどんなもの？

三角点とは、正確な位置を求める測量を行なうときに位置の基準となる点のこと。国土地理院は明治時代（当時は前身の陸軍参謀本部陸地測量部などだった）から三角点を全国に設置しており、東京の港区麻布台にある日本経緯度原点が大もとの出発点になっている。

三角点を利用した三角測量の仕組みを簡単に説明しよう。まず、平坦な場所にある2つの三角点（AとBとする）の距離を測る。この2つにもう1点（Cとする）を加えて三角形をつくって三角形の内角を測り、A〜B間の距離とこの内角から三角形の大きさと形を計算で割り出し、Cの位置を求める。このように三角形の各点の位置（緯度・経度・標高）を求めていくのが三角測量で、国土地理院は三角形の測量網を全国に広げた。

三角点は見晴らしのよい場所に置かれるが、学校や役所などの敷地内や建物の屋上、公園内や高台など、市街地にも数多く設置されている。また、山では必ずしも頂上に置かれるとは限らない。たとえば北アルプスの蝶ヶ岳には標高2677mの最高点があるが、三角点（2664.5m）は最高点から1km以上も北に位置している。

三角点の種類や歴史

三角点は全国に10万点以上あり、一等から四等の4種類に分類される。四等三角点は国土調査などのために現在も設置されており、数では三角点全体の6割以上を占めている。

一方、一等〜三等三角点のほとんどは明治時代に設置されたもの。明治期には調査・測量した技術者が三角点の名前をつけていたが、当時は正確な地図がなく、山の名前や文字が間違っていたこともある。たとえば、北アルプス・西穂高岳の三等三角点は「前穂高」、前穂高岳の一等三角点は「穂高岳」、涸沢岳の三等三角点は「奥穂高」という基準点名がつけられている。

なお、標高が高いところに設けられたものが一等三角点になるというわけではない。富士山にある三角点（3775.51m）は二等で、日本第2位の高峰・南アルプス北岳の三角点（3192.52m、基準点名は白根岳）は三等だ。

また、人工衛星の電波を受信する電子基準点も全国に約1300点ある。現在では、三角点の測量のほとんどが、人工衛星からの電波を受信して位置を決定するシステムを用いている。

東京都最高峰の雲取山山頂には明治初期に設置された原三角測点がある。通常の三角点は四角形の標石（柱石）で、そばに白い表示杭が打たれていることもある

国土地理院のサイトでチェックすると都市部にも三角点が多いことがわかる。三角点は神社の境内や学校や公共施設の敷地内などに設けられている

第**2**章

地形図と
実際の地形

地形図を見ることの意味

地形図からコース状況を読み取る

地形図の見方を覚えると、等高線の描かれ方などからコース上の小さなピークや低くなったコルなどを読み取ることができ、登山中に自分のいる場所を確認できるポイントが増える。現在地をこまめにチェックして自分がコース中のどの地点にいるのかを把握していれば道に迷う危険性が減少し、たとえコースから外れても早めに現在地のわかる場所に戻ることができる。この現在地を知る手がかりを得られるという点が、地形図を見ることの大きな意味のひとつであった。

しかし、現在ではほとんどの登山者がスマートフォンのGPSアプリケーションを利用し、手早く現在地を知ることができるようになった。それでも、地形図の読み方を覚える必要はあるのだろうか。

コース状況を知ることの意味

縮尺が5万分の1の一般的な登山地図よりも細かく等高線が表示されている地形図から読み取れるのは、ピークやコルなどの場所だけではない。等高線がピーク側から張り出している部分が尾根にあたるが、登山道が尾根上に続いているのか、谷の中を進んでいるのかといったコースのつき方もわかる。また、等高線の間隔が詰まった急傾斜の個所があるのか、間隔が開いたゆるやかな道なのかといった傾斜についても知ることができる。

このように、山へ行く計画を立てるときに地形図をチェックすると、登山道の延び方や傾斜などのコース状況がわかる。たとえば、アップ

ダウンがとても多いコースなので体力度のレベルが高くなっているとか、前半は谷間を歩いて沢を何度か渡るコースなので雨の多い時期に登るのは避けたほうがいいといった判断材料を得られる。もちろん、登山のガイドブックにもそうした情報が記されていることは多い。だが、地形図の読み方を覚えると「標高差300mを500mほどの距離でまっすぐ登っていく急な道」というように、より具体的にコース状況を把握でき、コース選びをするときの目安にすることができる。そして、山頂直下では急な登りが続くから前半はゆっくり歩こうというように、ペース配分も考えやすくなる。

また、事前にコースを知って山行中に先読みしながら歩くことは道迷いの防止にもつながる。たとえば、地形図上で登山道は山頂から下山口まで尾根上に延びていたとする。それなのに、下りの途中で谷の中に入り込んでいたら、道を間違えたかもしれないと気づくことができる。地形図を見ることは安全かつ快適に山を歩くうえで大きな役割を果たしてくれるのだ。

水流の有無にかかわらず、地形図を見るとコースが谷の中を延びているかどうかを読み取ることができる

地形図でコースの特徴をつかむ

下の図は奥多摩の大岳山周辺が載った地形図「武蔵御岳」と「五日市」で、左は北側の御岳山方面からの登山道が載ったもの。等高線の間隔が詰まったAやBのような急斜面になった場所では、メインコースは斜面を横切るように続いており、急な登下降の個所が少ないことがわかる。入山時に御岳山のケーブルカーを利用して標高831mから出発できるメリットもある。

右の地形図は南側の檜原村・白倉からの道が示されたもので、前半から等高線の間隔が狭い尾根をまっすぐ登る道になっている。地形図を見ると、大岳山から南へ等高線を張り出している尾根にCの地点で合流することがわかるが、その直下は等高線の間隔が詰まっており、特に急斜面になっている。山頂までのコースタイムも御岳山からのコースに比べて長いが、体力的にもハードであるとわかる。

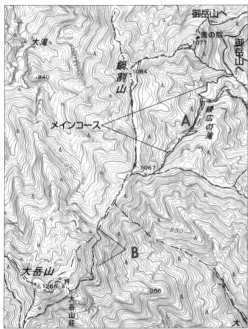

白倉から大岳山への道。植林帯と雑木林の中の登りが続く

ピークの表現はどうなっている?

山頂だけがピークではない

　山並みの中でいちばん高いところであるピーク。等高線の標高はこのピーク側に行くにしたがって高くなっていくが、ピークはその周辺で最も標高が高い場所なので、内側に等高線が描かれていない。つまり、等高線が円のような形をして閉じているところがピークである。

　山頂の形が丸くて均整のとれた円錐形の山の場合はピークの部分がまん丸に近い形で閉じ、山麓へと続く等高線もピークと同じような形の円を描いている。とはいえ、山頂の形はさまざまなので、ピークを表す等高線の形も山ごとに異なっており、たとえば山頂部が東西に広がっている山の場合は、ピークの部分の等高線も東西に延びた楕円形となる。

　山岳地の地形図を広げて等高線が円の形をして閉じているところを探してみると、かなりの数があることに気づく。山名の入った山だけでなく、山の連なりから外れたところや、山麓の登山口へと続く登山道上にもピークが存在している。このように、等高線が閉じている部分は必ずしも高い山の頂上であるとは限らず、尾根上にあるちょっと盛り上がった個所だったり、小高い丘のようなところだったりすることもある。つまり、ピークという表現には山の頂上だけでなく、周囲より高くなった場所も含まれていると覚えておこう。

ピークがコースの判断材料に

　自分が歩こうと思っている登山コースを地形図でチェックしてみよう。もし登山コース上に等高線が閉じたピークがたくさんあれば、アップダウンを繰り返すコースということになる。山を下りるときにこのようなピークをいくつも越えていくコースをたどるのは、ずっと下りのコースを歩くのに比べて体力的にハードだ。

　ピークの点在するコースを登りに利用する場合、等高線の密度（間隔の開き具合）がコースの体力度を推し量るポイントとなる。周囲の等高線の間隔が詰まったピークが多いコースは急な登り下りが多く、間隔が開きぎみのピークが並んでいるところはゆるやかなアップダウンが続く歩きやすいコースである。

地形図上のピーク

　右は東京都最高峰の雲取山から東へ延びる石尾根上にある城山周辺の地形図。内側に等高線がなく、閉じている状態になったピークをこの図で探すと、Aの城山のほか、B・C・Dのピークがある。

　等高線の描かれ方からAは東西にやや延びた横長、CとDは丸に近い形の山頂であることがわかる。登山道は4つのピークを通っているが、Bのピーク周辺は等高線の間隔が開いたなだらかな地形になっており、通過した際にBがピークであることに気づきにくい。地形図上ではピークになっていても実際にはこのような尾根上の高みであることもよくある。

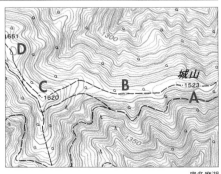

奥多摩湖

山岳地にはピークが数多くある

右の写真は奥秩父の金峰山山頂付近から東を眺めたもの。Aのピークが鉄山、Cのピークが朝日岳で、朝日岳の手前にBのピークがある。写真には写っていないが、地形図を見るとDの2528m地点もピークになっている。コース上にピークが多いが、等高線の間隔は全体的に開きぎみなので、傾斜はきつくないコースだとわかる。なお、EやFもピークだが、標高の記されたGの2235m地点は等高線が閉じておらず、地形図上ではピークになっていない。

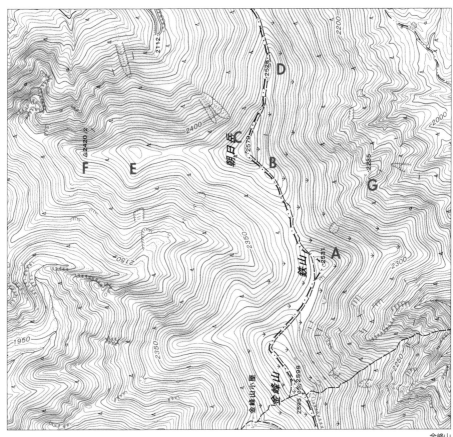

金峰山

51

さまざまなピーク

地形図上ではわからないピークもある

　ピークを表す等高線は円を描いて閉じているが、円の形は山頂部の形によって違ってくる。右のページではさまざまな形のピークを紹介していこう。

　また、実際には周囲よりも高くなってピークを形成しているのに、地形図上でわからないものもある。ピークであるのに等高線が閉じていないものは、「隠れたピーク」と表現される。2万5000図の等高線は10m間隔で入れられているが、ピークが周囲の地形よりも10m以上高くない場合、新たな等高線が内側に描かれないことがある。そのため、等高線が閉じず、地形図上では尾根が続いているように見えてしまう。尾根上にあるピークが隠れたピークになることが多いが、いちばん高くなった山頂は周囲の地形よりほとんど高くなかったとしても、隠れたピークにはならない。たとえば山頂の標高が1009mだとすると、1000mの等高線が円を描いて閉じるからだ。

　地形図をチェックしながら山を歩いているとき、隠れたピークは自分の現在地がどこであるのかをわからなくさせる原因になることもある。たとえば、地形図を見るとA地点から2つのピークを越えていけば次のピークがB山の山頂であるはずなのに、行ってみると3つめのピークがB山でなかったとする。これは隠れたピークを地形図上のピークのひとつと思ったために起こったことである。そこが地形図上に載っているピークなのか、それとも隠れたピークであるのかは、登山道の傾斜や周囲の地形を観察しながら判断しよう。

　なお、登山地図は5万分の1の縮尺で、等高線は20m間隔で示されているものが一般的だ。そのため、周囲よりも20m未満しか高くないピークは等高線が閉じないことがあり、地形図よりも隠れたピークが多く存在している。

隠れたピーク

　右は等高線と山の形を横から見た図を比較したもの。周りよりもわずかな盛り上がりのピークは等高線が閉じない。尾根道を歩いていると、地形図上ではわからない、こうした小ピーク（下の写真）を見かけることは少なくない。

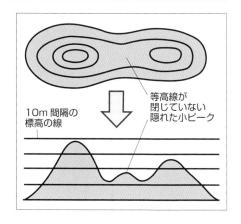

等高線が
閉じていない
隠れた小ピーク

10m間隔の
標高の線

鋭いピーク

北アルプス南部の槍ヶ岳（下の写真）は鋭くそそり立つピーク。右の地形図で標高点のある3180m地点が山頂にあたる。左側は2万5000図の原寸で、右側は250%に拡大したもの。拡大図を見

ると急傾斜のために山頂部の等高線が省略されており、太い計曲線の間に細い主曲線が4本入っていないことがわかる。

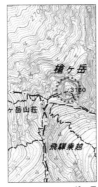

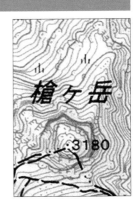

槍ヶ岳

平坦なピーク

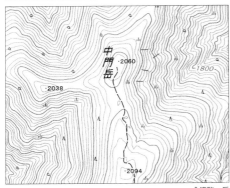

会津駒ヶ岳

尾瀬国立公園内に位置する会津駒ヶ岳の北に連なる中門岳（ちゅうもんだけ）は、南北に長く延びた平坦な山頂部をもち、下の写真のように池塘が点在している。左の地形図を見ると中門岳の山頂周辺は等高線の間

隔が開いており、高低差の少ない、ゆったりとした山頂部になっていることがわかる。

複数のピークをもつ山

いくつものピークを擁する山もあり、尾瀬の燧ヶ岳（ひうち）もそのひとつ。柴安嵓（しばやすぐら）と俎嵓（まないたぐら）、赤ナグレ岳、ミノブチ岳、そして地形図には載っていない御池岳（みいけ）という5つのピークをもつ。下の写真のように

尾瀬ヶ原から眺めると複数のピークがあることがわかる。なおミノブチ岳は等高線が閉じていないピークだ。

燧ヶ岳

山々の骨格となる尾根

尾根を把握するとコースの概要がつかめる

尾根は山並みや山の背骨となるもの。山と山をつなぐ、いちばん高くなった部分が山脈を形づくる尾根。山並みの中で核心部となる山々をつないだ尾根は主尾根や主稜線と呼ばれる。北アルプス北部の山を例にすると、白馬岳から唐松岳、五竜岳、鹿島槍ヶ岳をつないだ山並みが主尾根になる。

山は頂上から山麓に向かって斜面を延ばしているが、その斜面の中で最も盛り上がったところが山の柱となる尾根である。尾根の起点となっているところはピークだが、尾根から分かれる尾根も多い。こうした尾根は山麓を流れる沢や川まで続いており、流れを越えて同じ尾根が延びることはない。なお、ひとつの山の尾根を見た場合は、ピークから延びる山の中心となる尾根を主尾根、主尾根から分かれる尾根を支尾根や枝尾根と呼ぶ。また、尾根を分けることを「派生する」と表現する。

地形図上の尾根の表現

地形図上で尾根がどのように延びているかを見る場合、まず尾根の起点となるピークをチェックする。周囲の中でいちばん高くなったピークから等高線はしだいに標高を下げているが、ピーク側から等高線がにょきにょきとつき出していく部分が尾根にあたる。この尾根の連なりは地形図上では尾根線といわれる。地形図を見ると、ピークだけでなく、尾根の途中から出る支尾根や、さらに支尾根から派生する尾根も多いことがわかる。

連山の尾根上にはいくつかのピークがある

が、標高の高い側から等高線はつき出ている。地形図上で高い山から主尾根を追っていくと、つき出た等高線が途絶え、その反対側から等高線が張り出してきている個所がある。この場所は高い山からの下りが終わり、次のピークへの登りに転じるところで、コルにあたる。

尾根線がわかることのメリット

登山コースが尾根上を延びている山は多いので、地形図から尾根の延び方がわかれば、GPSなどを見なくても自分の現在地を把握できるポイントが増える。たとえば、登山道が主尾根上に出る地点やどこかの方向に大きな尾根が分かれている地点などは、地形図から判断することができる。

また、山へ行く前にコース全体を把握しておくときにも、歩くコースが尾根道かどうかを知っておくことは大切。たとえば、下りの途中で尾根から外れるコースも多いが、そのことを意識していないとうっかり尾根をそのまま下ってしまうこともあるからだ。

山岳地では幾重にも尾根が連なっていて、尾根の途中からも支尾根が分かれている

地形図上で尾根を探す

　下は奥秩父にある小川山が載った地形図で、三角点の記号のある2418.4m地点が小川山の山頂。ここから等高線が張り出している部分を探してみると、四方に尾根が延びていることがわかる。北側ではまずAへ尾根が延び、その尾根がBとCのふたつに分かれる。さらにBの尾根はB1、B2、B3に、Cの尾根はC1とC2などに分かれている。

　小川山山頂から西と南へは県境線に沿ってそれぞれDとEの尾根が、東へはFの尾根が続いている。Dの文字がある地点からは2199mのピークへ向かってD1の支尾根が派生しており、この尾根はさらにD2とD3などの尾根に分かれている。

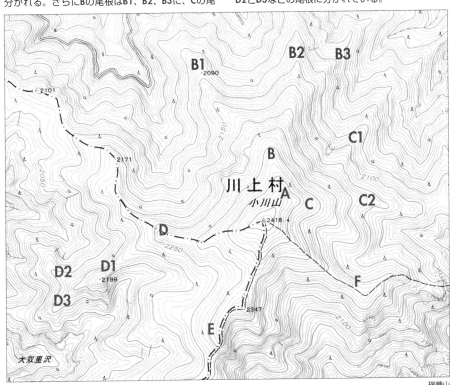

瑞牆山

南東側から見た小川山。ピークから右側に延びているのがFの尾根、左側がEの尾根になる

右端の小川山からEの尾根が延びる。この尾根から西へ派生する尾根が左端の瑞牆山へと続いている

さまざまな形の尾根

尾根の形状からわかるコースの難易度

山々の骨格となる尾根だが、規模や長さはさまざまだ。いくつもの県にまたがって何十kmも続く長大な尾根もあれば、実際の地形を見ても尾根になっていると気づきにくい小さなものもある。また、鹿児島の開聞岳(かいもんだけ)のような円錐形の山をはじめ、顕著な尾根がない山もある。

地形図を見たときにも尾根であるとすぐにわかるものと判別しにくいものがある。たとえば、等高線の張り出し方がわずかなものや、途中で張り出しが途絶えてしまっているものは、尾根であると見分けることが難しい。

尾根道が続く登山コースでは、地形図でどのような尾根であるかをチェックすることによってコースの難易度を推し量ることができる。尾根の延びる方向に対して等高線が横に開きぎみになっているところは同じ高さの場所が広がっており、広い尾根になる。そして、横に広がった等高線の間隔が開きぎみであれば、広大でゆるやかな地形で、歩きやすい尾根になっていることがわかる。

逆に、尾根の両側にある等高線の間隔が詰まっているところは、両側が急斜面となった狭い尾根になる。こうした尾根の周囲に岩崖の記号が並んでいれば両側が切れ落ちた岩稜帯ということになり、岩場の通過に慣れたベテラン向きの難路であると推測できる。

ここでは、広い尾根と狭い岩稜の例を紹介していこう。

広い尾根

右の図は南アルプス北部に位置する間ノ岳(あいのたけ)の地形図。この間ノ岳は日本第2位の高峰・北岳、南側の農鳥岳(のうとりだけ)とあわせて白峰(しらね)(白根)三山と呼ばれる。北岳から南へ進んで三山をめぐるトレイルは南アルプスを代表する縦走コースになっており、ワイドな尾根上に登山道が続く。なかでも間ノ岳の周辺(下の写真)は広大な尾根になっていて、地形図上でも等高線が横方向に広がっている。

間ノ岳

狭い岩の尾根

下は北アルプスの西穂高岳が載った地形図。西穂高岳へは、新穂高温泉から新穂高ロープウェイを利用し、西穂高口駅から登るのが一般的。登山道は西穂山荘から尾根上に続いている。途中の2452mのピーク・丸山から西穂独標手前までは等高線が横に広がっており、幅の広い尾根になっている。独標に近づくにつれて等高線の間隔が詰まった急な道とな

り、独標から西穂高岳までは岩崖や岩のマークが並んだ細い岩稜となっていて、コースの難度がぐんとアップしている。

西穂高岳からはさらに奥穂高岳へと尾根が続いているが、間ノ岳、天狗ノ頭といった岩におおわれた峰をいくつも越えていくルートとなり、エキスパートのみがトライできる難路になっている。

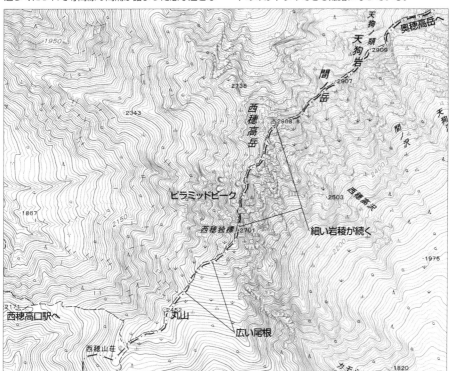

穂高岳・笠ヶ岳

丸山から西穂独標近くまでは広々とした尾根上を行く。緑のハイマツ帯にゆるやかな道が延びている

西穂独標からの眺め。三角形をした手前のピラミッドピークから西穂高岳へと険しい岩稜帯が続く

山肌に刻み込まれる谷

尾根と対峙して流れを生み出す谷

山の斜面をえぐったように、落ち込んだ地形になっている谷。谷は尾根と対極をなすもので、尾根とともに山を形づくる重要なファクターである。

地形図で谷を見つける

地形図上の谷の表現を見てみると、等高線の描かれ方が尾根とは逆になっている。ピーク側である高いほうから等高線をつき出している尾根に対し、谷を示す等高線は山麓を流れる川や沢側である低いほうからつき出ている。

右の地形図で山の高みへと延びていく沢を見てみよう。水色の線が流れを示しているが、流れのあるところは周囲よりも低くなった場所で、谷地形になっており、水色の線の下にある等高線も山の高いほうへと張り出している。

流れの線は途中で切れるが、線が切れた先にもA、B、Cのように等高線が山側へつき出している部分がある。そのつき出したところに谷が続いている。上流部から等高線が一方向だけでなく、いくつかの方向へ張り出していることもある。この場合は、B1とB2のように谷の上部で複数の谷に分かれていることになる。また、Dのように沢の流れの途中から等高線が張り出している個所もある。これは尾根から支尾根が派生するのと同様で、沢から支沢が分かれている。この支沢も谷地形になっているが、水流はないこともある。

山上の源流部に近づいたり、支沢に入ると流れは細くなっていく。平成25年地形図図式の地形図では、常時水流がない場合には図上に流

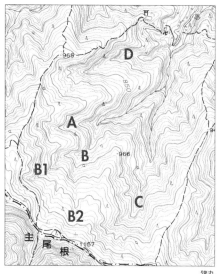

猪丸

れを示す水色の線が表示されなくなるため、源流部の沢や支沢には流れの線が入っていないことが多いが、実際には細い流れが続いていることもある。ほとんどの登山コースではこうした細い流れを渡る場所に橋は設けられておらず、流れの中にある石伝いに沢を渡ることになる。そのため、雨の多い時期や大雨のあとの水量の多いときには、地形図を見て流れを渡ることがわかるコースや主に谷の中を進んでいるコースへの山行は避けたほうがいい。

尾根のページで沢や川の流れを越えて尾根が延びることはないと紹介したが、同様に同じ谷が尾根やピークを越えて続くことはない。なお、山で尾根と谷以外の部分はどうなっているかというと、基本的には極端な凹凸のない斜面になっている。

谷の地形を知る

山の斜面の中で低くなっている谷は沢の流れをつくり出す。山岳地の地形図を見ると、「横尾谷」「槍沢」「一ノ沢」「一ノ俣谷」というように、谷と沢の両方が用いられている。

尾根は標高を下げながら新たな尾根を派生させていくが、沢は上部に行くと枝分かれしていく。分かれた流れは支沢や枝沢、メインの流れは本流と呼ばれるが、本谷や本沢と表現されることもある。沢の流れが発生しているところが源頭で、その一帯が源頭部になる。

沢が分かれる地点は二俣や二股と呼ばれる。北アルプス南部を流れる島々谷川の二俣のように、地名や呼称になっていることもある。二俣と二股は下流側から見た表現だが、上流側から見ると沢が合わさる地点なので、合流点や出合となる。沢の右岸や左岸についても、上流側から見て右側が右岸、左側が左岸となっている。

なお、谷と谷にはさまれた部分は自然と盛り上がっていることになる。そのため、山並みの中で尾根を形成していることが多い。

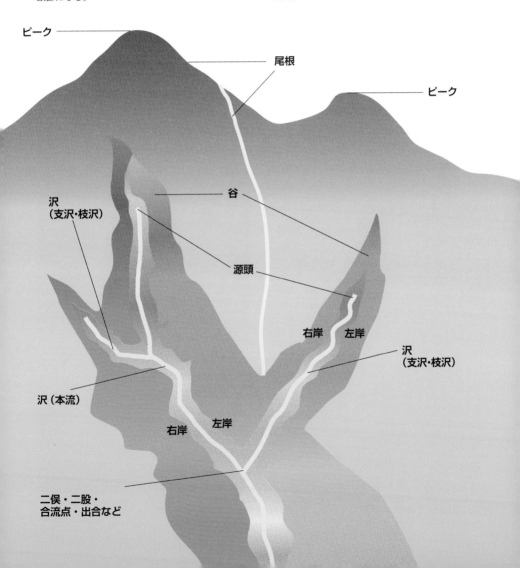

さまざまな形状の谷

等高線から谷の形を判断する

　谷の形状やスケールはいろいろで、広大なものから小さなもの、ゆるやかな傾斜のものなど、谷ごとに違っている。地形図上での谷は等高線が山側へつき出していることでは共通しているが、形状によって等高線の開き方や間隔は異なる。たとえば、広大な谷は広い尾根と似た表現になっていて、山の高みへとつき出す等高線が横に大きく広がっている。そして、広い谷の上部に行くと、等高線が横へほとんど開いていないような狭い谷に分かれていく。

　垂直の壁を思わせるような、切れ落ちた谷もある。上越国境にある谷川岳の一ノ倉沢や幽ノ沢、北アルプス・穂高連峰の滝谷などが急峻な谷の代表で、古くから多くのクライマーが挑む、岩登りのフィールドになっている。こうした谷を地形図で見ると、線の本数がわからないほど、等高線がびっしりと詰まっている。

　また、カール地形になっている谷もある。このカール地形は氷河によって形成されたもので、山の斜面を上からスプーンですくったような形をしている。北アルプスの涸沢や南アルプスの仙丈ヶ岳、中央アルプスの千畳敷などがカール地形で知られている。そして、氷河が流れたところでは山の斜面が削り取られてU字型の谷ができている。北アルプス・槍ヶ岳の南東に位置する槍沢などがこのU字谷になっている。

　3000m級の山々が連なる北アルプスの地形図を見ると、谷や沢の名前があっても水色の流れの線が入っていないものが少なくない。標高の高い地点にある沢や急峻な沢には、雪解け水が入り込む時期や降雨後でないと流れがないことも多い。そうした上部の流れが集まって水量のある沢となり、その沢がさらに大きな川へと注ぎ込む。山岳地から始まるわずかな流れが、平地を流れる大きな川の源になっているのだ。

穂高連峰の南に位置する岳沢は広大な谷。上高地と前穂高岳を結ぶ登山道が谷の中に続いている

中央アルプスの千畳敷カール。山肌をスプーンで大きくえぐり取ったような形をしている

岳沢の上部に連なる穂高の山並み。雪の残る個所やグレーの部分が岳沢の支沢にあたる

いろいろな地形の谷

下の図は北アルプス・穂高連峰の南に広がる岳沢（だけさわ）周辺が載った地形図。この岳沢は、上高地を流れる梓川から分かれた谷。岳沢が上部でさらに多くの谷に分かれている。岳沢では等高線が横に広がっていることからわかるように、広大な谷になっている。

それに対し、扇沢（おうぎさわ）や奥明神沢では等高線が矢印の先のような狭い幅で高いほうへつき出しおり、細い谷になっている。このふたつの沢は等高線の間隔が詰まっていて、岩崖や岩の記号が並んでおり、岩に囲まれた急峻な谷であることがわかる。

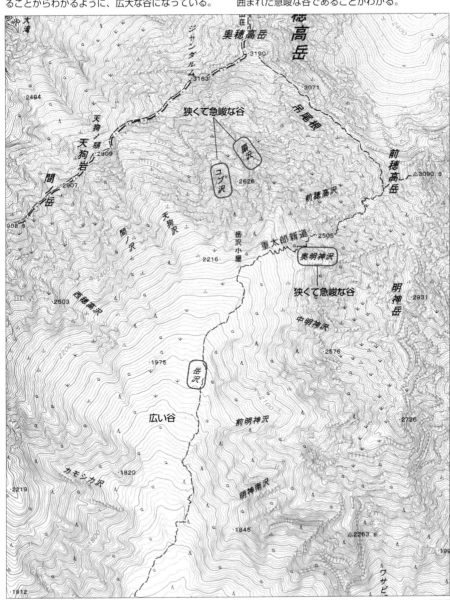

穂高岳

尾根と谷を読み取る

尾根と谷から登山コースの状況を知る

　ピーク側から山麓へと等高線を張り出している尾根と、山麓から山の高みへと等高線をくい込ませている谷。一見すると山岳地の地形図には等高線がびっしりと並んでいるだけに見えてしまうが、等高線は同じ方向へ広がっているのではなく、実際には尾根の等高線と谷の等高線が複雑に入り組んでいる。はじめのうちはどちらが尾根で、どちらが谷になっているのかを判別しづらいので、地形図上に尾根の線と谷の線を色分けして書き込んでみるといい。

尾根と谷の線の延び方の特徴

　右ページに地形図に尾根線と谷の線を入れたものを掲載したが、山は尾根と谷によって形づくられているので、線を入れることによって山の骨組みが見えてくる。谷や谷を流れる沢にぶつかるところが尾根の末端になり、尾根と谷の線が重なりあうことはなく、交差することもない。地形図を見ると谷の間を縫うように尾根が延び、尾根にくい込むようにして谷が続いていることがわかる。また、尾根は山麓へ向かいなが

ら支尾根を分けていくのに対し、谷は山側の上流へ行くにしたがって枝分かれしていくという、それぞれの特徴も見て取れる。

　尾根と谷の線を入れることによって、細い破線で示された登山道が尾根上についているのか、谷沿いに延びているのかがすぐにわかる。またコースが尾根に乗ったり、外れたりする地点も把握しやすい。このように、地形図から尾根と谷を読み取ることは登山コースの様子を知るうえでもとても役立つ。

　沢の源頭部に近づくにしたがって谷地形を示す等高線のつき出し方ははっきりとしなくなり、丸みを帯びてくる。逆に、鋭くつき出しているところは顕著な谷地形になっているので、地形図上に流れを示す水色の線が入っていなくても沢が流れていることもある。等高線の張り出し方や位置などから水が流れているところを予測し、流れの線を地形図上に書き込んでみてもいい。その図を携帯して山を歩き、自分が予測した地点に流れがあるかどうかをチェックするのも地図読みの楽しみとなる。

山の頂上は周辺の尾根上でいちばん高いところになる。そのため、登山道には尾根上を行くものが多い

細い流れに沿った谷間のコース。登山道は尾根道と谷を行く道、山の斜面を横切っていく道に大別できる

尾根と谷の線を入れてみる

　下の図は奥多摩・川乗山（川苔山）周辺の地形図に主な尾根と谷の線を書き込んだもので、オレンジが尾根の線、緑色が谷の線。地形図に水色の流れの線が入っているところは谷である。川乗谷から横ヶ谷を経由するメインコースは谷沿いに進み、川乗山の東側で主尾根上に出る。また、舟井戸のコルから鳩ノ巣駅へ下るコースはいくつかの尾根と谷を越えながら下っていくことがわかる。

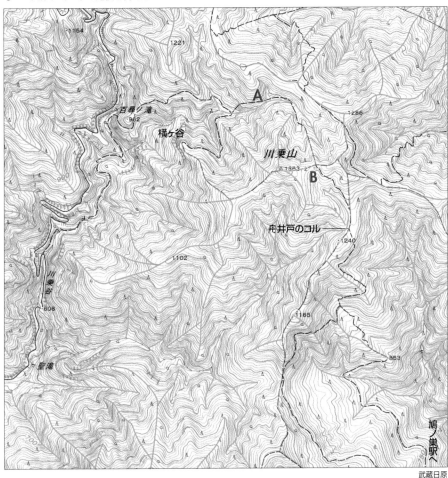

武蔵日原

A地点で撮影したもの。登山道の南側には横ヶ谷の細い流れが続いている

メインコースはB地点で川乗山の主尾根上に出る。ゆるやかな尾根道を西へ進み、山頂へ

等高線や記号から地形を判断する

岩崖や土崖、砂れき地、湿地、滝など、地形図にはさまざまな記号が使用されており、地形を知るための手助けとなっている。また、等高線の様子や記号の置かれ方から、その場所がどのような地形になっているのかを読み取れることもある。

ここではそうした地形と地形図上の表現を紹介していこう。

コル

ピークとピークの間に位置する低くなった部分であるコル（鞍部）。地形図上で尾根の線を追うと、両側のピークから張り出してきた等高線同士がぶつかる個所がある。そこがコルになっていて、右の図ではAとBがコルにあたる。山を歩いているときにコルはわかりやすい場所

で、現在地を知るために役立つポイントだ。またコルからは次のピークへの登りになるので、地形図を見て登り返しの距離などをチェックするとコースの体力度を推し量ることができる。

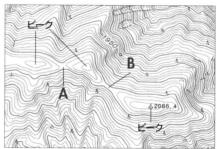

金峰山

二俣

沢の流れがふたつに分かれる二俣（二股）は、沢沿いのコースでは最もわかりやすいポイント。右の図ではAが流れの線の分かれている二俣だが、山側に等高線が張り出して谷が分かれているBやCにも流れがあって、DやEが二俣になっていることもある。ただし、BやCの谷は流れ

があったとしても細いことが多い。地形図上に水色の線が入っている沢は水量のある流れなので、流れの規模や周囲の地形からAの二俣であるかどうかを判断することになる。

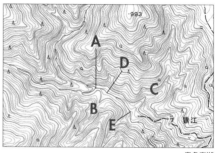

奥多摩湖

ゴルジュ

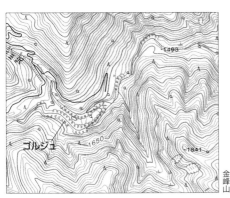

金峰山

谷の中にある大きな岩壁にはさまれたところをゴルジュという。左の図のように、流れの線の両側に岩崖の記号が並んでいる個所がゴルジュとなる。下の写真の奥武蔵・棒ノ嶺（棒ノ折山）の白谷沢沿いの登山道のように、ゴルジュ帯を通過するコースもある。沢登りでゴルジュに出合った場合は岩壁上を巻いたり、水の中に入って通過する。

肩

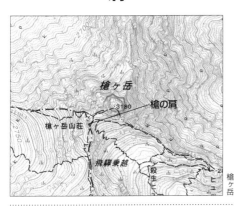

槍ヶ岳

肩はピークの直下などにある平坦になった場所のこと。南アルプスの北岳や上越国境の谷川岳には肩と呼ばれるところがあり、いずれも肩の小屋が立っている。左の図は北アルプスの槍ヶ岳が掲載された地形図で、3180mのピークの左下に槍の肩と呼ばれる平らな部分があり、

そこに槍ヶ岳山荘がある。左の写真は槍の肩に立つ槍ヶ岳山荘と槍のピークを眺めたもの。

巻き道

黒薙温泉

大きな岩や滝のような通過するのに困難なところやピークを避けて回り込んでいくことを「巻く」といい、そのように迂回してつけられた道（下の写真）を巻き道という。左の図は北アルプスの朝日岳が載った地形図。南側の白馬岳方面から来た道は朝日岳の直下でふたつに分

かれ、右が山頂へと直接登っていく直登コース、左が朝日小屋方面への巻き道となる。

地形図上でコースを追ってみる

コースを下調べする机上登山をしよう

　山へ行く前に地形図などを開き、歩こうとするコースを追ってみることを机上登山という。下調べをすることによってあらかじめコースの特徴や注意個所などを知ることできるので、安全で快適に山を歩くためにぜひ実践したい。

　地形図上から尾根の延び方や谷の刻まれ方を読み取れるようになれば、登りではこの地点で主尾根に乗って、下りではここで谷を横切るというように、実際にコースを歩くときのポイントとなる地点も把握できる。机上登山をするときには地形図やガイドブックなどを見て気づいたことや注意したい点を図に書き込んでみるといい。この作業は自分のオリジナルの地図を作っているようで、楽しいものでもある。そして、地形図をチェックしていると山頂がとても横に長くなっていることに気づいたり、山の中にぽつんと示されている記念碑の記号を見つけたり、実際に山でチェックしてみたいと思うものが出てきて、山歩きの楽しみも増えてくる。

　地形図に鉛筆で直接文字を書き入れている登山者もいるが、コピーしたものに書き込んでもいい（地形図をコピーするには手続きが必要となるが、私的に利用する場合には申請は不要）。文字を書き入れるときには文字で等高線や道のつき方などの情報がわかりづらくならないように注意しよう。

山行記録をまとめる

　地形図を見ながら実際に山を歩いていると、予想していたこととは違ったり、新たに気づくこともあり、地図読みのおもしろさを実感できる。気づいたことはメモに書きとめておき、自宅に戻ったら整理して山行記録としてまとめておこう。その山を再訪するときの参考になる。記録のつけ方に厳密な決まりはないが、コースタイムやコース状況については記しておこう。また、概念図程度でもいいので、情報を書き込んだ地図も一緒に残しておくとあとでわかりやすい。そのほか、登山口周辺の情報や写真などもあると参考資料として役立つ。

　現在はパソコンで専用サイトの山行記録のフォーマットに書き込む人が多く、また自分が登った山についての感想や記録をブログに書き込んでいる人もいる。インターネット上に掲載した記録に対してはほかの登山者からコメントが寄せられることがあり、やりがいもある。

インターネット上の山行の記録

　パソコンなどで見られる山行記録や山のブログは数多くあるが、内容はそれぞれで、画像をたくさん用いてわかりやすいコースガイドが載ったものもある。ただし、登山地図やガイドブックなどのコースタイムは一般的な登山者を想定して設定されているが、ネット上に示されている歩行時間については、作成した人の体力や経験度がわからないと、どの程度、参考にできるかを判断しづらい。

地形図に情報を書き込む

　自分が行こうとする山の地形図や登山地図を見て、下のように注意点などを書き入れてみよう。その図を持ってコースを歩けば、現在地がわかるポイントが増えてペースをつかみやすいうえ、途中で道に迷う可能性もぐんと低くなる（下の地形図は奥多摩の高水三水が掲載された「武蔵御岳」）。

特徴のある地形

山や尾根の形は千差万別で、富士山のような端正な山容の山から、槍ヶ岳のようなとんがった形をした山まで、さまざまだ。ここでは地形図上の表現と実際の写真を見比べながら、特異な山容をもった山や独特の地形が見られるところを紹介していこう。

不思議な形の山

印象的な形の山は数多くあるが、群馬と長野の県境にある荒船山もそのひとつ。最高点は標高1423mの経塚山だが、下の地形図を見ると山上はおおむね平坦な地形で、南北に長く延びている。山頂部の北端に艫岩と呼ばれる岩壁が

あって北側が切れ落ちており、地形図上には岩崖の記号が並んでいる。北側から眺めた艫岩は巨大な船のようなユニークな姿だ。

また、栃木と群馬の県境にそびえる皇海山の南側に位置する鋸山は鋭いピークをいくつも天につき出した峻険な姿だ。東側に延ばした鋸尾根上には鋸山十一峰と呼ばれる峰々が連なっていて、中国・桂林の岩山をほうふつとさせる幽玄な雰囲気が漂う。下の地形図上からも鋸尾根にピークが多いことが読み取れる。

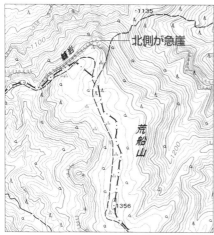

荒船山

皇海山

北東側から見た荒船山の艫岩。荒海をつき進む航空母艦を思わせる、独特の姿だ

皇海山と鋸山の間にある不動沢のコルから見た鋸山。鋸山の登山道は鎖場が続く難路

山頂部が平原になった山

広い山頂部をもつ山は多いが、そのなかでも印象的な風景が展開しているのが北アルプス南部に位置する双六岳だ。東側にある双六小屋からハイマツの広がる斜面をゆるやかにたどったあと、急坂を登ると広々とした双六岳の山頂部に出る。少し小高くなったピークまで、平坦な山頂部が1km近く続いている。右の地形図からもわかるように、ピークの南東側にはのびやかな山頂部が広がっているが、西側の斜面は急傾斜になっている。

山頂へ向かう途中に振り返ると、右上の写真のように、南北に尾根を延ばした槍ヶ岳がそそり立っている。槍ヶ岳からは西鎌尾根をたどるとこの双六岳へいたる。

三俣蓮華岳

山頂部に湿原のある山

山頂部に湿原が広がっている山もあり、尾瀬国立公園内にある田代山もそのひとつ。湿原のことを田代ともいうことから、田代山という山名がつけられた。福島と栃木の県境付近に位置する山頂部には田代山湿原（写真）が広がっていて、湿原内には木道が設けられている。下の地形図中では標高点のある1971m地点が最高点で、その北東側に湿地記号が並んでいる。田代山湿原の東には小田代の湿原もある。

このほか、新潟と長野にまたがる苗場山の山頂部にも、池塘が点在するワイドな湿原が広がっている。また、岩手と秋田の境に位置する八幡平の山頂部は傾斜がゆるやかで、湿原や沼が点在している。

帝釈山

非対称山稜

尾根の左右に広がる斜面の傾斜が大きく異なっているところを非対称山稜と呼ぶ。そのひとつが北アルプス北部に位置する白馬岳周辺の稜線で、右下の地形図を見ると2932mの山頂の東側は等高線の間隔がとても詰まった急斜面で、それに比べて西側は等高線の間隔が開きぎみになっている。右上の写真は白馬山荘上部の南側の稜線から白馬岳の山頂部を眺めたもので、東側は切れ落ち、西側はのびやかな斜面が広がっている。

程度の差はあるものの、稜線の左右の斜面の傾斜にばらつきがある山は少なくない。上信国境の谷川岳や北アルプス南部の東天井岳付近なども非対称山稜になっている。

白馬岳

火山地形

日本には111もの活火山がある。火山には複数のピークをもつ山が多く、群馬西部に位置する草津白根山も本白根山や白根山、逢ノ峰などから構成されている。2019年10月現在、この草津白根山は白根山の火山活動によって火口周辺規制が敷かれ、入山が規制されている。

右は本白根山周辺の地形図。等高線の内側に細い線が内側に向かって入れられているところは「凹地」と呼ばれ、くぼんだ場所を示している。2076mの標高点の周囲がおう地で、ここは右上の写真のような噴火口跡になっている。火山で見られるおう地はこのような噴火口跡であることが多い。また鏡池は火口湖で、その周囲もおう地だ。

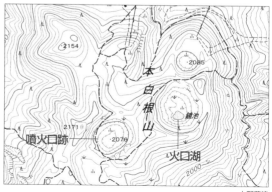

上野草津

70

二重山稜

　日本アルプスではくぼ地をはさんでふたつの尾根が並行している二重山稜が見られる。尾根が三重になっていることもあり、こうした地形は多重山稜と呼ばれる。この二重山稜は、尾根の一部が断層によってずれ落ちて線状の長いくぼ地ができ、そのくぼ地をはさんで尾根が二重の状態になったなど、いくつかの成因が考えられている。

　下の写真と地形図は、二重山稜になった北アルプス南部の蝶ヶ岳付近のもの。二重山稜は北アルプスの烏帽子岳周辺などでも観察できる。

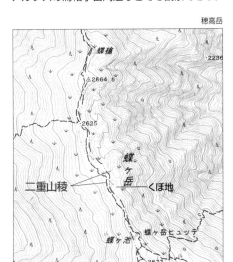

穂高岳

双耳峰

　はっきりとしたふたつの頂をもつ山を双耳峰という。ふたつの頂の距離は山によって異なるが、通常はピークとピークの間に低くなったコルがある。この双耳峰の代表的な例が北アルプス北部にそびえる鹿島槍ヶ岳。右の地形図にあるように、三角点のある標高2889mの南峰と2842mの北峰からなる。ふたつの頂は500mほど離れていて、片道で25分ほどかかる。近距離にあるふたつのピークをつないだ尾根で吊橋のように弧を描いたものを吊尾根と呼ぶが、右下の写真のように鹿島槍の南峰と北峰は美しい吊尾根で結ばれている。

　このほか、茨城の筑波山や八ヶ岳の天狗岳などが双耳峰として知られる。また、北アルプスの爺ヶ岳や奥多摩の三頭山のように、3つのピークをもった山もある。

神城

71

山で見られる地形や場所

岩場、鎖場（くさりば）、露岩帯（ろがんたい）、岩稜帯（がんりょうたい）……。山のガイドブックなどを見ると地形を表現する言葉が並んでいるが、少しずつ表現が異なっている。でも、実際の地形はどう違っているのだろうか。ここでは山で見られる地形やポイントを紹介していこう。

岩場

コース中にある大きな岩や岩塊をよじ登って越えていく場所。登山道上に岩場があっても地形図に岩記号が表示されることは少ないが、北アルプス・剱岳（つるぎだけ）の別山尾根コースの地形図（下の左図）を見ると登山道上に岩記号が点在している。なお、岩登りではクライミングの対象となる切り立った岩壁のことを岩場と呼ぶ。

岩稜帯

岩におおわれた稜線が続くところで、地形図上では岩崖や岩の記号が連なっている尾根が岩稜帯となる。両側が急斜面となった狭い尾根をヤセ尾根というが、岩稜にはヤセたところが多く、岩登りの基本となる3点支持のテクニックが必要となる場面も少なくない。落石なども起こりやすいので、通過時は慎重に。

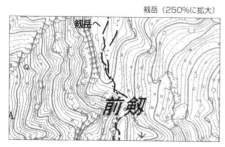

前剱周辺の登山道上には岩記号が見られる

奥穂高岳周辺の岩稜帯には岩崖と岩の記号が並ぶ

露岩帯

大きな岩が多く露出した場所のこと。稜線上で見られることが多く、たとえば北アルプス南部に位置する燕岳（つばくろだけ）の山頂部には白い花崗岩（かこうがん）の露岩帯がある。岩場と違い、ほとんどの露岩帯では岩の上を歩いて通過し、両手を使うことは少ない。岩が濡れているときは滑りやすいので、ゆっくり歩こう。

ガレ場

さまざまな大きさの岩が敷きつめられた場所のことで、岩におおわれた山の谷間や沢沿いなどで見られる。このようなガラガラとした岩の斜面は「ガレた斜面」と表現される。ガレ場には足を乗せるとぐらぐらする不安定な岩も多いので、通過するときには足元を確認しながら歩くようにしたい。

鎖場

鎖が設置された岩場や急傾斜の斜面のこと。岩や斜面に凹凸が少ないため、登るための手がかりとして鎖が設けられている場合が多い。通過するときは鎖にしがみついたりしないようにし、鎖はバランスをとるための補助と考え、上体を起こして進んだほうが次の手がかりや足場を見つけやすい。

バリエーションルート

登るのにロープでの確保が必要となるほどの危険を伴い、岩登りのテクニックが必要とされるコース。登山地図には難路は破線で入れられているが、バリエーションルートは地形図や登山地図には記されていない。穂高連峰では北穂高岳東稜や前穂高岳北尾根（写真の左の尾根）などがバリエーションルートになる。

灌木帯 (かんぼくたい)

高い木のことを喬木、低い木のことを灌木といい、低い木が生えている一帯のことを灌木帯と呼ぶ。一般的に低木は樹高が5m以下のものを指すが、灌木帯の木々は低木の中でも低いものが多い。ツツジの仲間やカバノキ科の樹木などが灌木帯で見られ、地形図上には広葉樹林の記号が表示されていることが多い。

森林限界

森林をつくる高い木が生育できる標高の限界のこと。この森林限界はエリアによって異なり、日本アルプスでは標高2500m前後、北海道の大雪山周辺では標高1200〜1500mぐらいとなる。地形図上では森林限界を超えると針葉樹林と広葉樹林の記号がなくなり、ハイマツ地や荒地の記号が並ぶようになる。

涸れ沢 (か) （枯れ川）

沢の水がなくなることを涸れるといい、涸れ沢は流れのなくなった沢を指す。地形図には流れを示す水色の線が破線となった「枯れ川」の記号がある。北アルプス・槍ヶ岳南東の槍沢はババ平周辺で伏流水となり、この周辺に「枯れ川」の記号が使われているが、地形図でこの記号が表示されているケースは少ない。

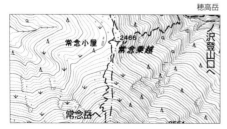

北アルプス・常念岳北方の地形図。常念小屋のある主稜線上は森林限界を超え、ハイマツ地記号が並ぶ

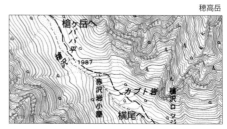

「枯れ川」記号が使用された槍沢のババ平周辺。水色の破線の周囲に砂れき地の記号が表示されている

74

ヤブ

ササなどのイネ科の植物や草が生い茂り、登山道をおおうような状態になったもの。一般的な登山コースでは定期的に登山道の整備が行なわれているが、道にせり出してくる木々の刈り払いを行なわないと、自然にヤブにおおわれてしまう。こうしたヤブを手でかき分けながら進むことをヤブこぎと呼ぶ。

草付
（くさつき）

名前のとおり、数十cmほどの丈の草におおわれた場所のことで、「草付の斜面」や「草付の急な登り」というように表現される。雪崩が起こった跡や斜面が崩壊した跡には樹木が生えず、草付の斜面になることが多く、地形図上では荒地の記号で示される。見通しのよい場所だが、草が濡れているときは滑りやすい。

ザレ場

砂が敷き詰められたところを指し、ザラザラした砂の斜面を「ザレた斜面」という。たとえば、南アルプス北部にある甲斐駒ヶ岳の山頂周辺は風化した花崗岩によってできた白い砂でおおわれていて、「白ザレの斜面」などと表現されている。また、砂と小石が混じった場所は砂れき地と呼ばれる。

池塘
（ちとう）

湿原にできた池のことで、大きさや水深、形はさまざま。東西約6kmにわたって広がる尾瀬ヶ原には、1500を超える池塘があるといわれる。浮島と呼ばれる小さな島が浮いている池塘もあり、木道上から観察できる。なお、山の上にある湖沼は山上湖、火山によってつくり出された湖は火山湖と呼ばれる。

地形図の持ち歩き方

地形図の折りたたみ方

地形図は広げた状態のままだと、縦46cm、横58cmと大きいので、実際に山へ持っていく際には折りたたむ必要がある。折りたたみ方にはこれといった決まりはなく、数種類ある折り方の中から各人が好きなものを選んでいる。

ただし地形図を保存する際には、折りたたみ方を統一しておいたほうがきれいに収納できるし、あとで探しやすい。オリジナルの折りたたみ方をしている人もいるが、ここでは代表的な折りたたみ方を紹介しよう。

地形図の折りたたみ方

1 地形図を裏返して図名が書かれた左上以外の3隅を三角形に折る。このとき地形図の図郭（図の枠）にちょうど接する部分で折る。

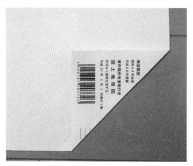

2 3隅を折ったあと、地形図の余白部分をすべて裏側へ折る。図名が隠れないようにするため、図名のある側は最後に折る。

3 地形図を表面にして、縦半分になるように真ん中を山折りにする。

4 縦4分の1になるように左右を中心に向けて折る。あえて中心線が5mmくらい内側に入る場所で折れば、地形図の中心部が擦れることがない。

5 細長く4等分になった地形図を半分に折れば完成。ここでも図名が隠れないように注意する。

地形図の持ち歩き方

地形図は、紙としては丈夫なほうだが、やはり水には弱い。そのため、できるだけ濡らさない工夫をしよう。登山用具店で販売している専用のマップケースに入れるか、密封できるタイプのビニール袋などに入れて携行するのが理想的だ。

マップケースを首から提げる場合は、地形図を入れる向きに注意

地形図を見やすくするためのひと工夫

地形図をマップケースやビニール袋に入れる際、地形図上で自分が現在歩いている場所とこれから向かう場所がすぐにわかるようにしたい。その周辺を表面にしてケースに収納するようにする。したがって歩く範囲が地形図の広範囲におよぶ場合は、そのつど地形図をいったん取り出し、見える部分を必要な範囲に変えるのがポイントである。

地形図のコピー

地形図の範囲は緯度と経度によって決められているため、歩こうとする登山コース全体が一枚の図に収まっていないこともよくある。そうした場合、何枚もの地形図を山へ携行するよりも、図をつないで必要な部分をコピーして持参したほうが効率はよい。また、歩くコースが図内の一部分である場合にもコピーのほうが山行中に扱いやすい。

なお、営利目的でなくても地形図をコピーするのに手続きが必要になるケースがあるが、私的に使用する場合や学校などの教育機関で利用する場合には国土地理院への申請は不要だ。

■登山エリアが地形図の一部分である場合
そのエリアが収まるサイズでカラーコピーをとる。サイズは小さめのほうが折る回数を少なくしてビニール袋に収納できる。

■何枚もの地形図にまたがる場合
地形がうまく重なるように地形図を置いたら、裏面をテープで仮留めしておく。同じように必要なエリアが収まるサイズでコピーする。

どうやって携行するか

さて、ここまで準備した地形図は、防水性も見やすさも考えた状態である。でも、これを山に持参して、ザックの中へしまったままにしては意味がない。市販のマップケースには紐が付いているので、常に首から提げておく（このとき、マップケースを持ち上げて地形図を見るときに見やすくなるように、図を逆さまにして入れておく）。また、ビニール袋の利点はやわらかいこと。小さくたたんでポケットへ入れられる。必要な場所ではなるべく地形図を手にした状態を維持し、鎖場などの危険個所を通過するときにはポケットの中へしまうようにする。こうすれば立ち止まったりせずに地形図を見ることも、両手をあけることも可能である。

現在はどの地点にいる？ 問題

ここまで解説してきた地形図の読み方について理解できたかどうかをチェックしてみよう。設問の中に掲載した図は2万5000分の1地形図の原寸。図上の距離を測るときに定規などを使ってOKだ。

Question1 & 2

設問の前提 実際の地形には地形図上に表れない隠れたピークが存在するが、この設問では地形図上で読み取れるもののみをピークとする。

Q1 奥多摩の仙元峠近くのAから蕎麦粒山（そばつぶやま）の南側を巻いていく道を日向沢ノ峰方面へと進み、800mほど行くと顕著な尾根が分かれる。その地点（B）からこの尾根の主尾根上に続く踏み跡をたどり、2つのピーク（CとD）を越えて次のピークとのコルであるEに着いた。Eは地形図上のどの地点？

Q2 上のQ1のB地点から同じように主尾根上を進んでひとつめのピークを越えたあと、主尾根から外れてほかの支尾根に入り込んでしまった（主尾根から外れたのは標高1290m付近〈地点F〉とする）。その支尾根上をたどり、ルートの間違いに気づいて高度を確認したところ、その地点Gの標高は1050mだった。現在地Gはどこだと推測できる？

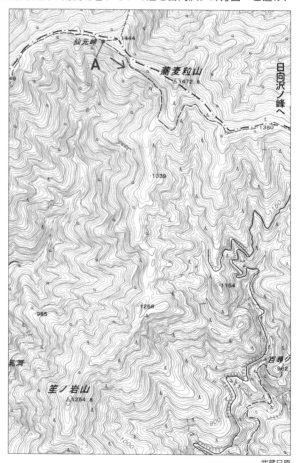

武蔵日原

78

Question3 & 4

設問の前提 谷をさかのぼる沢登りをしていて、谷の中を進んでいく設定。谷に水流があるかどうかは問わず、また滝や急傾斜の岩壁があっても谷をそのまままっすぐ登っていくこととする。

Q3 Aの地点から沢の上流へ250mほど進んだ地点にある二俣（**B**）で右の谷に入る。1kmほど進んで出会った二俣（**C**）と次の二俣（**D**）でいずれも右の谷に入り、Dからその谷を登りつめると標高1750m地点の**E**に達した。さて、Eはどの地点？

Q4 信州谷と金山沢の合流点（二俣）から金山沢をさかのぼり、1km強進んで水量のある沢同士が合流する二俣（**F**）で右の谷へと進む。さらに400mほど先の顕著な沢の合流点（**G**）でも右の谷に入り、この谷を登りつめると尾根上の**H**に出た。Hはどの地点？

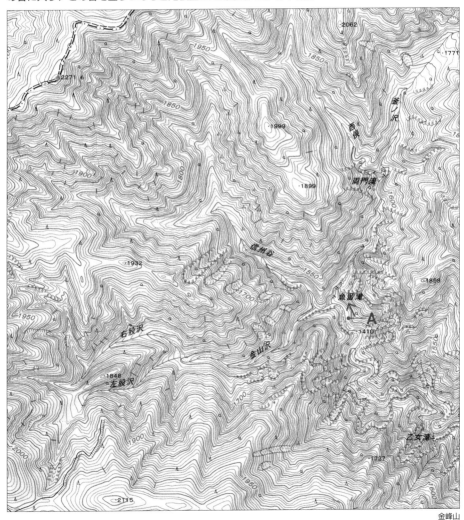

金峰山

現在はどの地点にいる？ 解答

等高線の延び方から尾根や谷を判別できただろうか。GPSの画面上の地図は拡大・縮小することによって縮尺が変わってしまうが、2万5000図は1cm＝250mと頭に入れておけば距離感がつかみやすい。

Answer1 & 2

解答1 A地点から日向沢ノ峰方面へ行く道から分かれる主な尾根にはアやイ、ウなどがあるが、Aからの距離が約800m（図上では約3.2cm）なので、尾根が分かれる地点はBとなる。蕎麦粒山から派生するこの尾根は鳥屋戸尾根と呼ばれるが、尾根上の踏み跡には不明瞭な個所が多く、地形図にも徒歩道は記されていない。

鳥屋戸尾根上の2つのピークは標高1339mのCとその先にあるD。Dと次の1268mピークとのコルがE地点になる。

解答2 鳥屋戸尾根からはエやオをはじめ、支尾根がいくつも分かれているが、主尾根から外れたのが標高1290m付近なので、その地点はFとなる。Fから南西に延びる支尾根を進んだ場合、標高1050m地点はGになる。実際の地形でもルートを誤りやすい個所で、踏み跡を慎重にたどらないとFの地点でGの方向へ進んでしまう。

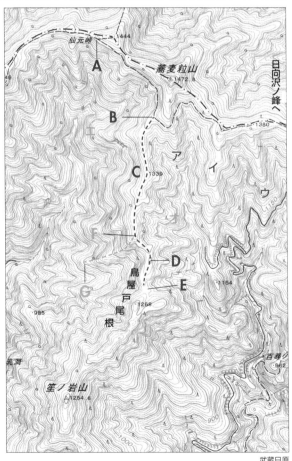

武蔵日原

鳥屋戸尾根を歩くにはルートファインディング力が求められる

Answer3 & 4

解答3　Aの地点から上流へ進むとまずアの二俣がある。AからBまでの距離は約250m（図上で約1cm）だが、アまでの距離はその半分程度なので、Bはもうひとつ先の二俣になる。Bから右側の信州谷に入る。信州谷は標高1600m地点で水色の線が表示されなくなり、信州谷から分かれる枝沢にも線は示されていないが、等高線が山側へくい込んでいく谷を探すとBの1kmほど先にあるCやDの地点では等高線が二方向へ延びており、谷が合わさる二俣であることがわかる。Dから右に分かれる谷の標高1750m地点はEになる。

解答4　金山沢に合流する枝沢にはイやウなどがあるが、信州谷と金山沢の合流点であるBから約1km（図上で約4cm）の距離にあり、水量のある沢同士が合流する二俣という設定なので、右股沢と左股沢の合流点がFであると判断できる。そこから約400m（図上で約1.6cm）先にある顕著な沢の合流点Gから右の谷を登りつめると尾根上のHにいたる。

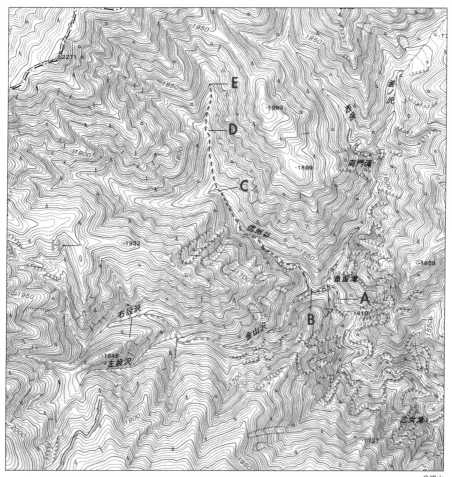

金峰山

なるほど ミニ知識 地形図の登山道の修正

地形図を作成するとき、上空から真下を撮影した空中写真をもとに図化し、編集を進めていく。森林限界を超えた高山の登山道などを除くと、登山道の多くは樹林の中につけられているため、空中写真ではどのように延びているのかが正確にはわからないものが多い。こうした空中写真でわからないものについては現地で調査するが、街中での調査に比べると、登山道の調査などには多くの日数と労力を要する。そこで国土地理院はスマートフォンのGPSアプリ利用者の増加に目をつけた。

ビッグデータを活用

2017年12月、国土地理院は登山道情報に関する協力協定をヤマレコとヤマップと締結し、2社から登山者の移動経路情報などのビッグデータの提供を受けることになった。そして、ビッグデータを利用してまず北アルプス南部の上高地周辺と八ヶ岳の登山道を修正し、2018年3月に国土地理院のウェブ地図「地理院地図」で公開した。

ビッグデータだけでは判断が難しい個所や山小屋の位置、廃道になったものなどについては日本山岳会に依頼し、最新情報の提供を受けた。2018年の夏山シーズン前には日本アルプスと屋久島の主要な登山道を修正して「地理院地図」に反映している。

2019年には大雪山や尾瀬、高尾山、奥多摩、丹沢、鈴鹿、大峰山脈など、人気の高い山域の登山道が修正された。今後、国土地理院は登山道修正を全国に拡大し、「地理院地図」で順次公開していく予定だ。

こうした登山道の修正に関する情報は、国土地理院のホームページ内にある「電子地形図25000の更新情報」でチェックすることができる。紙の地形図の場合、発行日が登山道の修正された日（更新日）よりも前の場合には当然ながら登山道は修正されていないが、「電子地形図25000」には電子国土基本図の主な更新内容が速やかに反映されている。

蝶ヶ岳

蝶ヶ岳ヒュッ

2014

2677

	登山経路情報
———	修正後の経路
－ － －	修正前の経路

登山道の修正例。北アルプス・蝶ヶ岳〜三股間の実際の登山道は地形図のルートよりも北側につけられていた。登山道が崩れて新しくつけ替えられたことによって、地形図のルートと異なっていたものもあった。北・中央・南アルプスの主要な登山道は2018年6月下旬までに修正されている

第 **3** 章

コンパスを使う

コンパスの仕組み

なぜコンパスが必要なのか

地形図の基本を覚えたら、次はコンパスの使い方をマスターしよう。目標物を特定したり、地形図から進みたい方向を読み取ったり、広いピークや平坦地で方向を確認するときなどにはコンパスが必要になってくる。

コンパスは東西南北の方角を教えてくれるだけでなく、私たちが進むべき方向も正確に教えてくれる強い味方なのである。

用意するコンパス

コンパスと一言でいってもさまざまな種類のものがある。簡易なアクセサリータイプのものや腕時計に搭載された電子コンパスなどもあるが、本書でいうコンパスとは、回転盤（リング

ベースプレートコンパスもさまざま。
中央は山座同定に適したミラーコンパス

ともいう）の付いたベースプレートコンパスと呼ばれるものを意味している。地形図と合わせて正確な角度を測るには、この回転盤が重要な役割を担っている。

登山用具の専門店に行くと、さまざまなタイプのベースプレートコンパスが並んでいる。基本的な機能は同じなのでどれを購入してもいいが、ベースプレートの長さ、拡大鏡の有無、距離を測るメジャーの有無によって価格が異なっている。自分に適したタイプを見つけてみよう。価格は2000〜4000円台のものが多い。

コンパスの持ち方

山ではコンパスをいつでも取り出せるように携帯したい。ザックにしまいこむと取り出すことがおっくうになってしまう。コンパスがいつでも使用できる状態にしておこう。

＜首から提げる場合＞

コンパスを構えたとき、胸からへその間で固定できるように紐の長さを調整する。

＜ズボンのポケットにしまう場合＞

体の前に持ってこられるくらいに紐の長さを調整して、ズボンのベルトループにくくりつける。

各部位の名称と使い方

コンパスの部位の名称に正式なものはなく、メーカーによっても呼び方は異なる。下の写真はSILVAのベースプレートコンパス。これを例にして、目安としての名称とそれらの機能を簡単に説明している。モデルによって耐温度も異なるので、事前に調べてから購入したい。

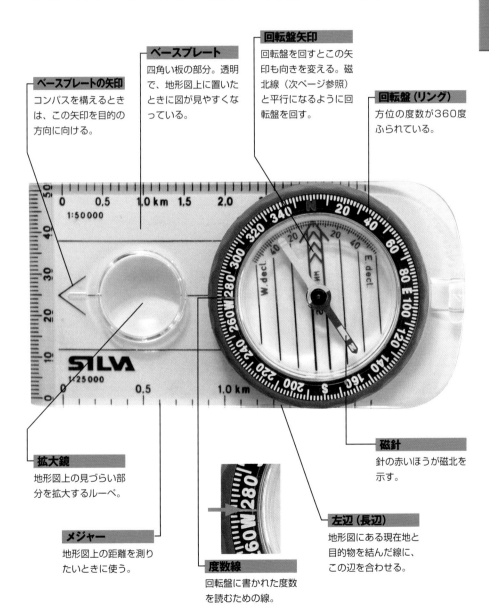

回転盤矢印
回転盤を回すとこの矢印も向きを変える。磁北線（次ページ参照）と平行になるように回転盤を回す。

ベースプレート
四角い板の部分。透明で、地形図上に置いたときに図が見やすくなっている。

ベースプレートの矢印
コンパスを構えるときは、この矢印を目的の方向に向ける。

回転盤（リング）
方位の度数が360度ふられている。

拡大鏡
地形図上の見づらい部分を拡大するルーペ。

メジャー
地形図上の距離を測りたいときに使う。

度数線
回転盤に書かれた度数を読むための線。

磁針
針の赤いほうが磁北を示す。

左辺（長辺）
地形図にある現在地と目的物を結んだ線に、この辺を合わせる。

85

地形図に磁北線を引く

磁北と真北

　地形図の真上にあたる北（真北）とコンパスの針が指し示す北は、じつは合致していない。これはコンパスの指すN極は北極ではなくて、カナダの北付近にあることが原因である。コンパスの針が指す北のことを「磁北」と呼び、真北とこの磁北とのずれを「磁気偏角」という。磁北は日本では角度にしてだいたい5度から10度くらい、北から西へ傾いている。これを西偏という。地形図の真北とコンパスの磁北を合わせようとするとこの誤差が生じてしまうので、あらかじめ地形図に西に傾いた補助線を入れておく。この補助線のことを磁北線と呼ぶ。地形図の磁北線とコンパスの磁針が平行になるように置いて、初めて地形図とコンパスが同じ方向を指していることになる。

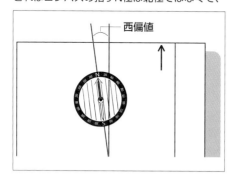

西偏値

磁北線を引いてみよう

　磁北線を引くには、まずその場所の西偏値が何度であるかを調べる。西偏値は地形図の左端にある「地形図の基準」の中に記されている。

注意! 西偏値は年によっても変化する。地形図の発行年度がやや古い場合には、国土地理院のホームページにある偏角一覧図で最新の西偏値を調べよう。
国土地理院　2015.0年値偏角一覧図
https://www.gsi.go.jp/buturisokuchi/
menu03_magnetic_chart.html

地形図の基準
1. 経緯度の基準は世界測地系
2. 高さの基準は東京湾の平均海面、湖沼の深さの基準はその湖沼の基準水面
3. 等高線及び等深線の間隔は10メートル
4. 投影はユニバーサル横メルカトル図法、座標帯は第54帯、中央子午線は東経141°
5. 図式は平成25年2万5千分1地形図図式
6. 磁気偏角は西偏約7°30′
7. 図郭に付した▼は隣接図の図

裾野

度数ごとのタンジェント数値表（P87で使用）

度／分	0分	10分	20分	30分	40分	50分
6度	0.1051	0.1080	0.1110	0.1139	0.1169	0.1198
7度	0.1228	0.1257	0.1287	0.1317	0.1346	0.1376
8度	0.1405	0.1435	0.1465	0.1495	0.1524	0.1554
9度	0.1584	0.1614	0.1644	0.1673	0.1703	0.1733

磁北線の引き方（西偏7度の場合）

用意するもの　定規とボールペン、分度器またはコンパス

分度器を使う方法

①地形図の右下の角部分に分度器をあてる

②7度のところに印をつける

③印と図の右角を結んだ線を引く

④1本の磁北線が引けたら、定規の幅などを利用して平行に数本の線を引く。またこの幅を4cmにすると、1kmの距離の目安にもなる

⑤磁北線は地形図全体に入れる必要はなく、歩く予定のコース上にあればいい

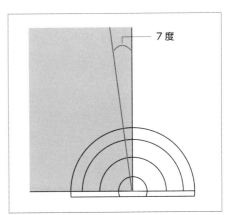
7度

コンパスを利用する方法

①コンパスの回転盤を回して、360度から7度引いた353度を度数線に合わせる

②地形図の左右どちらかの経線（縦の線）にコンパスの回転盤矢印を合わせる

③コンパスをそのままにして、コンパスの左辺または右辺に沿って線を引く

④「分度器を使う方法」の④と同じ

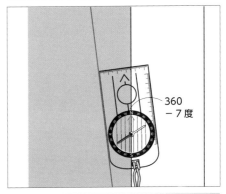
360
－7度

計算から割り出す方法

　少ない誤差で地形図全体に磁北線を引きたい場合に有効なのが、三角関数を使う方法である。直角三角形は1つの角が90度であるので、もうひとつの角（西偏値）が決まれば角の大きさが3つとも決まり、三角形の3辺の比が決まる。これを利用して図のbの値を導き出す。左ページにあるタンジェント数値表を参照すれば、簡単な掛け算だけでbの値を導き出すことができる。aの値は平成25年と平成14年2万5千分1地形図図式の図なら42cm、それ以前の

ものだと37cmだ。

①タンジェントの数値表で数値を調べる。7度0分では0.1228

②平成25年図式だとしてa＝42cm、b＝42cm×0.1228＝5.1576cm

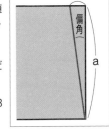
b

偏角

a

③地形図の右下の角と右上の角から5.1576cmの点を結ぶ線を引く

コンパスの基本的な使い方

コンパスの正しい構え方

コンパスは真上から見る

→片手でコンパスを持つ例。オリエンテーリングのように即座に方向を確認したい場合などに有効。この場合もなるべくコンパスを体に近づけて真上から見る

コンパスを見る作業はとても繊細だ。いい加減に構えたのでは、正確な角度を知ることができない。そのためにはコンパスを真上から見る必要がある。

まずコンパスのベースプレートの矢印と反対側の部分を両手で持ち、みぞおちあたりに持ってくる。このとき、なるべく自分の体に近づけるために、脇を締めよう。ベースプレートの矢印が体から垂直に出るようなイメージで。

整置の仕方

整置とは

P86で説明したように、磁北線とコンパスの磁針が指す方向が一致して初めて地形図とコンパスが同じ方向を指している。

このように地形図の方角とコンパスの指す方角、現在地から見えている風景を一致させる作業のことを「整置」という。方法としては、まず体の正面に地形図を構える。次に図の磁北線とコンパスの磁針が平行になるように図を回転させる。すると現在地から見えている風景と地形図が同じ方向になっている。

注意するのは地形図がコンパスの磁針と同じ方向を向くようにすることである。右ページにあるイラストのように、ついうっかり磁針の南で合わせてしまうことがあるからだ。

コンパスの磁針と地形図の磁北線が平行になるように地図を回転させる。右下の図が間違った整置の例。これを「南北エラー」という

ベースプレートコンパスを使う意味

磁北線を引いた地形図があれば、ベースプレートコンパスでなく、北と南がわかる簡易的なコンパスでも整置までならできる。しかし、現在地の確認作業や進むべき方向を見きわめるには、ベースプレートコンパスが必要になるのだ。次からベースプレートコンパスを使う目的と具体的な使用方法を説明する。

ベースプレートコンパスの目的

山岳地においてベースプレートコンパスを使う目的は大きく分けると次の3つになる。
①進みたい方向に体を向ける
②地形図にある尾根や沢の方角から現在地を確認する
③山座同定（目標物を特定する）

①と③は現在地が特定できている場合、②は現在地がほぼ特定できているが念のために確認をしたい場合が前提となっている。携帯しているGPSに不具合が生じたりして、現在地がまったくわからないときにコンパスと地形図から現在地を導き出すこともできるが、視界がある場合にしか割り出すことはできない。

進みたい方向に体を向ける

　ベースプレートコンパスのいちばんの目的は、地形図上にある進みたい方向に、自分の体を向けさせることである。これがコンパスの使い方の基本となる。

　手順は次の4つだけである。

①地形図で現在地から進みたい方向にコンパスの左辺を合わせる

このときは体の向きはどこを向いていてもいい。左手側は地形図を折り込んで手に持つとコンパスをあてやすい

②回転盤矢印が磁北線と平行になるように回転盤を回す（このとき、回転盤矢印が磁北線の北を指すようにする）

地形図とコンパスが離れないように回転盤のみを回す

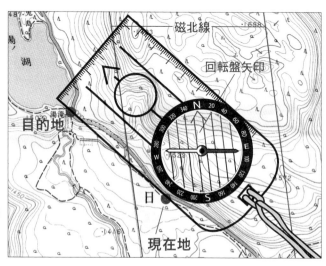

③コンパスをいったん地形図から離して、体の前に持ってくる

④回転盤矢印と磁針がぴったり重なるまで体を回転させる

わかりやすいようにベースプレートコンパスの回転盤と磁針のみをイラストにしてある。

これで体は進みたい方向に向いている。

■進みたい方向に体を向けることが必要な場面

①広いピークや平坦地

広いピークや平坦な場所では、目印となるものがなく、進むべき方角を決めて歩き出す可能性もある。

②ヤブの中や樹林帯など

登山道を一歩外れると、何の手がかりもないヤブや樹林の中だ。こんなとき、方角によって進むべきルートを導き出す。

③雪山・ガスの中
雪やガスにおおわれた山の中を進むのも方角が頼りである。

＊上記はあくまでも現在地が特定できている場合のコンパスの使い方である。

ベースプレートコンパスの使い方② 尾根

尾根の方向や支尾根の派生する方角から現在地を確認する

前ページで覚えたようにベースプレートコンパスによって進みたい方向に体を向けることができる。これを応用することで、現在地を確認することができる。進むべき方向や目標物は合っているのかを確認するため、一般の登山道ではこちらの使い方を用いる機会が多いはずだ。

確認の手順

①地形図で現在地（現在地と思われる地点）と目標物にコンパスの左辺を合わせる

②回転盤矢印が磁北線と平行になるように回転盤を回す（このとき、回転盤矢印は磁北線の北を指すようにする）。右のイラストは手順②まで操作したところ。

③コンパスをいったん地形図から離して、体の前に持ってくる

④回転盤矢印と磁針が重なるまで体を回転させる

⑤顔を上げて目標物が体の正面に見えれば、現在地は合っている

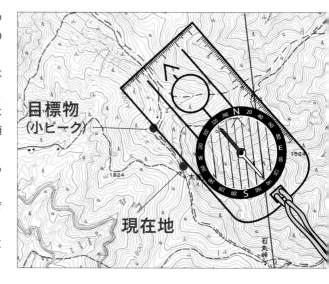

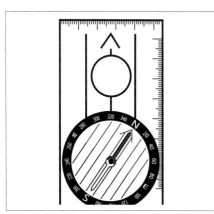

左のイラストは手順④のコンパスをアップにしたもの。このように回転盤矢印と磁針がぴったり重なるように体を動かす

顔を上げてみると、現在地から目標物である小ピークが真正面に見えた。これで現在地は正しいと判断できる

92

パターン1　尾根の方向の変化によって現在地を確認する

　尾根道は右に曲がったり、左に曲がったりする。コンパスを利用すれば、この方向の変化を感覚だけでなく確認することができる。

確認の手順

①地形図で現在地と進んでいる尾根の方向を結んだ線にコンパスの左辺を合わせる

②回転盤矢印が磁北線と平行になるように回転盤を回す

③コンパスを体の前に持ってきて、回転盤矢印と磁針が重なるまで体を回転させる

④顔を上げてみる。体が尾根の方向を向いていれば現在地は合っている

⑤しばらく登山道を進み、コンパスを見てみる

⑥回転盤矢印と磁針とがずれていれば、すでに尾根が向きを変えていることがわかる

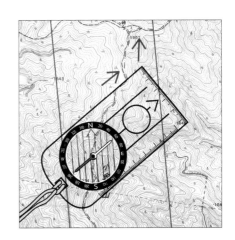

パターン2　尾根道を歩いていて、支尾根が出ている方向で現在地を確認する

　尾根道でほぼ現在地がわかっているが念のため確認したい場合、支尾根が出ている方向は有効な手がかりとなる。

確認の手順

①地形図で現在地と支尾根の方向を結んだ線にコンパスの左辺を合わせる

②回転盤矢印が磁北線と平行になるように回転盤を回す

③コンパスを体の前に持ってきて、回転盤矢印と磁針が重なるまで体を回転させる

④顔を上げて支尾根が体の正面に見えれば、現在地は合っている

上の写真のように、尾根にあるピークからさらに支尾根が派生している。この支尾根を手がかりに現在地を確認する。現在地を確認するときの体の向きは、下の写真のように目標物の真正面に立つようにする

支尾根の方向

谷の方角から現在地を確認する

　沢沿いの道で現在地を確認したいときは、沢の流れてくる向きを利用する。

　手順は尾根道の場合とまったく同じだが、沢の場合で注意が必要なのは地形図とコンパスの左辺を合わせるときである。沢のおおまかな方向ではなく、あくまでも現在地から見た沢の向きで合わせなければならない。

パターン3　沢沿いの道で沢（本流）が流れてくる方向から現在地を確認する

　沢沿いの道では沢の方向そのものが現在地を確認するための手がかりとなる。

確認の手順
①地形図で現在地と沢（本流）の向きを結んだ線とコンパスの左辺を合わせる
②回転盤矢印が磁北線と平行になるように回転盤を回す

沢沿いの道を歩くとき、沢の流れてくる方向を手がかりに現在地を確認できる

①〜③の手順を踏んで、体の正面に沢があれば現在地はあたっている

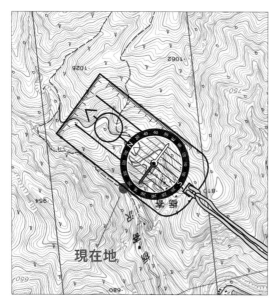

③コンパスを体の前に持ってきて、回転盤矢印と磁針が重なるまで体を回転させる
④顔を上げて沢が体の正面に見えれば、現在地は合っている

パターン4 沢沿いの道を歩いていて、支沢が入ってくる方向で 現在地を確認する

　沢沿いの道でほぼ現在地がわかっているが、念のため確認したい場合、支沢が入ってくる方向は確かめるための手がかりとなる。

確認の手順

①地形図で現在地と支沢の方向を結んだ線にコンパスの左辺を合わせる

現在地と支沢が入ってくる方向をコンパスの左辺で結んだイラスト。ただしイラストでは、わかりやすくするためにコンパスを支沢の1mm上方に置いている。本来はコンパスを支沢の方向にぴったりと合わせる

②左辺を合わせたまま、回転盤矢印が磁北線と平行になるように回転盤を回す

③コンパスを体の前に持ってきて、回転盤矢印と磁針が重なるまで体を回転させる

④顔を上げて支沢が体の正面に見えれば、現在地は合っている

左の写真は間違った立ち位置の例。支沢が入ってくる方向で現在地を確認するとき、右の写真のように沢の中に立って作業をすることが必要である。左の写真のように沢から離れた位置では、正確に確認することはできない

山座を同定する（目標物を特定する）

　見晴らしのよい場所から見えるピークはどこなのか、遠くに見えるあそこの山は何という山なのか、登山をしていれば誰もが気になることだ。

　こういうときもベースプレートコンパスの出番である。しかし、これは現在地が特定できていることが前提である。そもそも現在地が特定できていなければ山座同定もできない。

パターン5　近くに見えるピークはAという山かどうかを確認したい

確認の手順

①地形図で現在地とAを結んだ線にコンパスの左辺を合わせる

②回転盤矢印が磁北線と平行になるように回転盤を回す

③コンパスを体の前に持ってきて、回転盤矢印と磁針が重なるまで体を回転させる

④顔を上げてAが体の正面に見えていれば、その山がAであることが確認できる

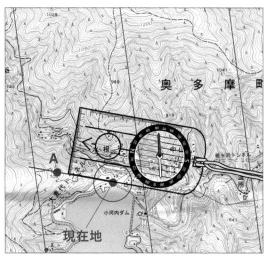

右は高尾山の北西にある景信山から655mの小ピークを確認している写真。コンパスに慣れてきたらこのように近くに見える山をどんどん確認してみよう。

パターン6　遠くに見える山の名前を知りたい

遠くに見える山の名前を知りたいときは広域の地図が必要になる。その理由は、1枚の2万5000分の1の地形図の範囲は狭く、調べたい山が載っていないことがあるからだ。広域の地図を携帯するときは、2万5000図と同様にあらかじめ磁北線を引いておく。

確認の手順

①磁北線を引いた地図を整置しておく（整置の仕方はP88を参照。縮尺5万分の1の登山地図などにも西偏値の情報は書かれている）

②知りたい山を正面に見て、コンパスの磁針と回転盤矢印が重なるまで回転盤を回す（度数線にある数字が目標物の方角を意味している）

③コンパスの状態を維持したままで広げた地図にコンパスを置き、地図の磁北線と回転盤矢印が平行になるようにコンパスを動かす

④磁北線と回転盤矢印が平行になった状態を維持しながら現在地にコンパスの左辺をあてる

⑤コンパスの左辺は知りたい山の方向を指している

20万図などの広域図があると遠くの山もわかる

写真のコンパスはミラー付きで、このように遠く離れたものの角度を見るのに適している

○○○○山

見えているピークはこのA山だ

現在地

はじめの一歩

コンパスの使い方に慣れるまでは、まずはわかりやすい山（たとえば富士山や両神山など）を山座同定する練習から始めてみよう。コンパスは使えば使うほど、自分のものになっていく。

この山はどこの山？ 問題

地形図の読み方がわかると、等高線の様子や地図記号などから山の形をイメージできるようになる。ここでは地形図を見てどの山の図なのかを考えてみよう。取り上げる山はすべて日本百名山だ。

Question1

県境に位置するピークで、山頂部の下に建物（赤い丸で囲まれた四角の記号）があることがわかる。等高線の描かれ方が答えを見つける手がかりになる。ピークの特徴や斜面の等高線の様子をじっくり観察してみよう。

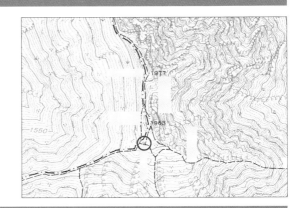

Question2

地形図からピークがいくつかあり、池などが点在している山であることがわかる。赤い丸で囲んだ記号や植生の記号はどの山かを考えるうえでヒントになる。それ以外にも山を判断するのに大きな手がかりとなるものがあるので、地形図をよく見てみよう。

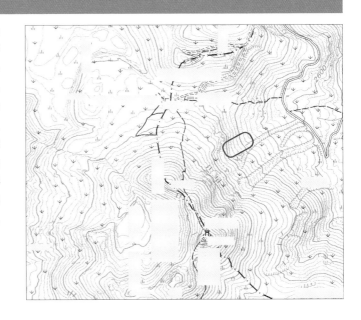

Question3

この等高線の並び方、どこかで見たことがあるような気がする。ここまで本書をしっかり読んできた皆さんならわかりますよね？　最終的に山を判断するポイントがひとつあるのだが、それが何だかわかるかな？

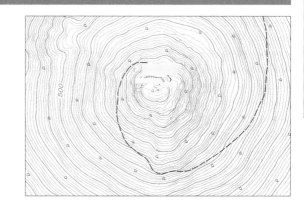

Question4

特徴のある山頂部をもった山であることは読み取れるけれど、その特徴はどういったものだろうか。山頂部に示されている記号（赤い線で囲まれたもの）は何を表すものか、覚えているかな？　だけど、のんびりしたくなるような、ゆったりとした山頂部だ。

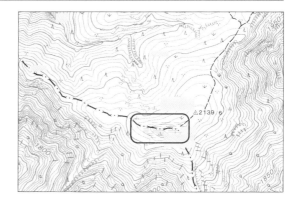

Question5

噴火口・噴気口の記号（赤い丸で囲まれたもの）が表示されているので、火山であることはわかる。とはいえ、百名山の中にも火山は数多くある。西側のピークまでは登山道を示す細い破線が延びてきているが、最高点までは延びていない。さて、最高点まで登れない火山はどこだろう？

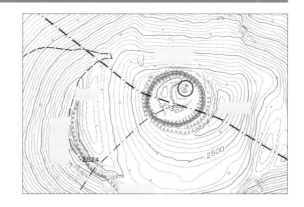

この山はどこの山？ 解答

実際に見たり、登ったりした山でなければ山容を思い浮かべるのは難しいので、登山経験の少ない人には難問だったかもしれない。でも、その山の特徴だけでも地形図から読み取れれば大きな進歩だ。

Answer1　谷川岳（群馬・新潟）

正解は群馬と新潟の県境に位置する谷川岳。地形図からふたつのピークがあることがわかるが、谷川岳はオキノ耳とトマノ耳からなる双耳峰で、1977mのオキノ耳が最高点。また、稜線の東側が等高線の間隔が詰まった急斜面、西側は間隔がやや開きぎみで非対称山稜であることも答えを導き出すポイント。

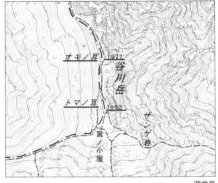

茂倉岳

Answer2　乗鞍岳（北アルプス）

複数のピークをもち、山上に池が点在している百名山には、乗鞍岳のほか、御嶽山や白山などがある。赤丸で囲んだ記号は万年雪で、またハイマツの記号が並んでいることから、森林限界を超えた高山であることがわかる。そして、その高山の山頂近くまで道路（乗鞍エコーラインなど）が延びているので、乗鞍岳であるとわかる。下の写真は肩ノ小屋の北東側から剣ヶ峰や乗鞍大雪渓を眺めたもの。

乗鞍岳

Answer3 開聞岳（鹿児島）

同じような円を描いた等高線の並び方から、富士山のような美しい円錐形の山だとわかるが、長野の蓼科山など、円錐形の山はいくつかある。等高線の間に「500」と標高が示されていることから標高が1000m以下

であると判断できる。標高1000m未満の百名山はこの開聞岳と茨城の筑波山だけである。

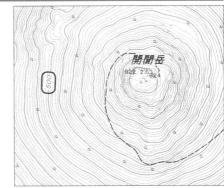

開聞岳

Answer4 平ヶ岳（新潟・群馬）

平ヶ岳は新潟の魚沼市と群馬のみなかみ町にまたがる山で、名前のとおりに山頂部が平坦で、湿原が広がっていることが特徴。南側が急な斜面になっており、山頂部には避難小屋などの建物はない。苗場山も山頂部に湿原があるが、

その規模は平ヶ岳よりもはるかに大きくて、山頂部には湿原記号が広がっている。

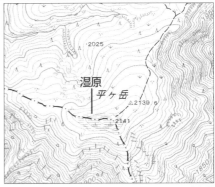

平ヶ岳

Answer5 浅間山（群馬・長野）

正解は浅間山で、噴火口記号のあるところが火口。火口のすぐ右側にある標高2568m地点が最高点だが、火山活動が静穏で噴火警戒レベルが1のときでも最高点へ立ち入ることはできず、西側の前掛山までの登山と

なる。火口内には凹地（おう地）の記号が表示されており、火口がくぼんでいることがわかる。

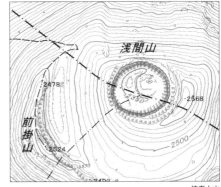

伯耆大山

なるほどミニ知識　植生と標高

地形図にはその場所に生えている樹木を示す記号が何種類か使用されているが、登山コースの周りで見かけることが多いのは広葉樹林と針葉樹林、ハイマツ地、そして笹地の記号だ。

都市近郊に位置する標高700〜800m以下の低山に広葉樹林の記号が置かれていた場合、その樹林は平地の雑木林と同じような樹種で構成されていることが多い。関東周辺ではコナラ、ヤマザクラ、ミズキ、イロハモミジ、イヌシデなどがよく見られる。関西周辺の雑木林にはアカマツも多く、アカマツ中心の林になると針葉樹林の記号が表示されることになる。

標高によって樹種が変わる

本州で標高が1000m付近になると見られるようになる広葉樹にはシラカバやハウチワカエデなどがある。ミズナラもコナラより上部に生えていることが多く、こうした樹木を見かけるようになったら少し標高が上がったことがわかる。ミズナラやコナラと同じブナ科のブナも本州では標高1600m付近まで生育している。また、トチノキも標高1000m以上でも見られ、北アルプス・常念岳へのメインコース、一

ノ沢コース中にある標高1480mの山ノ神にはトチノキの大木がある。

さらに標高が上がると広葉樹ではウラジロナナカマドやタカネナナカマド、ミネカエデ、ミヤマハンノキなど、低木が多くなる。ダケカンバも高山に生育する広葉樹のひとつ。普通は15mほどの高さにまでなるが、高い木が生育できる標高の限界である森林限界付近（日本アルプスで標高2500m前後）では低木のダケカンバが多く、また風の強い稜線上などでは横に伸びた木も見られる。

針葉樹には標高が2000mを越えても高木になるものが多い。本州中部では標高1500m付近から2500m付近までが亜高山帯とされるが、この亜高山帯ではマツ科のコメツガやシラビソ、オオシラビソ、トウヒなどがよく見られる。本州中部の山を登っていてブナやミズナラの林を抜けて針葉樹林に入ったときはおおよそ標高が1500〜1600mを越えたと判断できる。地形図上で日本アルプスの稜線付近に針葉樹林の記号が置かれている場合、一般的にはこうしたコメツガやシラビソなどで構成された林が広がっている。

日本の温帯を代表する樹木であるブナの林。ブナは北海道南西部から九州まで分布し、本州では標高1000m以下でも見られる

標高が上がると温帯よりも平均気温が低い亜高山帯（亜寒帯）となり、広葉樹の大木が見られなくなって針葉樹の森が広がるようになる

第4章

地形図を見ながら
山を歩く

箱根 明星ヶ岳・明神ヶ岳

富士山と箱根外輪山を眺めながらの稜線漫歩

歩行時間	**4時間45分** （明神ヶ岳往復を除く）
累積標高差	**登り1437m 下り623m** （明神ヶ岳往復を除く）
登山レベル	**初級者**向き
2万5000分の1地形図	**箱根・関本**

明神ヶ岳山頂から見た富士山

プロフィール

　箱根外輪山の明星ヶ岳と明神ヶ岳は、日帰りハイキングコースとして人気のある山だ。人気の理由はやはり迫力ある富士山の展望だろう。今回は塔ノ峰から明神ヶ岳まで箱根外輪山を縦走するルートを案内する。樹林帯からササヤブの間を抜け、明るく開けた草原から山頂へと変化に富んだ尾根歩きを楽しみながら、同時に地図読みの練習をしてみたい。富士山をはじめ箱根の山々、丹沢山塊のパノラマが圧巻だ。

アクセス

電車・バス　行き＝箱根登山電車・箱根湯本駅　帰り＝宮城野橋バス停または宮城野営業所前バス停→箱根登山バス25分→箱根登山電車・箱根湯本駅

マイカー　マイカー利用の場合は箱根湯本駅周辺にいくつかある有料パーキングを利用することになる。その場合、下山後はバスで戻ってくる。箱根湯本駅までは小田原厚木道路小田原西IC経由、西湘バイパス箱根口ICから約3km。

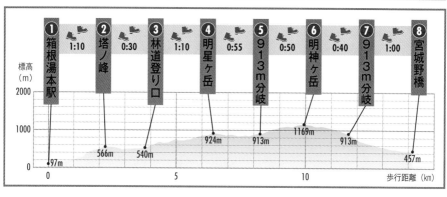

コース&地図読みのポイント

今回は箱根湯本駅からすぐにアプローチできる塔ノ峰から明神ヶ岳まで箱根外輪山を北上する稜線歩きを、地図読み実践練習の第一歩として選んでみた。今回の目的は決してピークハントではない。いちばんの目的は地形図と仲よくなること。地形図を常に手に持ちながら、図に描かれた地形と実際の地形を体で感じることである。ちなみにシミュレーションコース1では、コンパスを使わない。まずは地形図をじっくりと読むことに専念する。地図読みとなると、とかく下ばかりを見て歩きがちになるので、あえ

て雄大な展望を楽しめるルートを選んでみた。また紹介するコースは、全部歩くと距離にして約14kmとやや長めである。そこでここでは明神ヶ岳への往復はオプションと考えることにする。体力や時間、天候に応じて、臨機応変に各自で判断してほしい。

稜線歩きとは主尾根を歩くことである。尾根にはピークとコルが並び、ピークからは支尾根が派生している。今回のテーマは机上から離れて自分の足でピークとコルを越え、尾根の特徴をつかむことだ。このピーク&コルの感覚をつかめれば、地図読みはぐんとおもしろくなる。

箱根湯本駅～塔ノ峰～林道登り口

地形図と実際の地形を体で感じる

地形図に親しむために、ここでは地形図と実際の地形を体で覚えこむことを目標とする。よく稜線歩きで「アップダウンが続く」などと表現したりするが、このアップダウンこそが、今回の核心である。アップダウンは地形図でいうと、「ピーク＆コル」を意味している。

ピークは山頂だけを指しているのではない。尾根の途中で盛り上がった部分もピークと呼ぶ。そしてコルはピークとピークの間の低くなったところである。つまり盛り上がったピークに上がるのがアップ、低くなったコルに下がるのがダウンなのだ。

❶ 塔ノ沢駅が最寄駅だが、今回は箱根湯本駅からスタートする。手に地形図を忘れないように。駅を出たらすぐ右手にある高架をくぐり、車道を左に進む。

❷ ❷の地点まで来ると、阿弥陀寺へ続く車道が右に分かれるので、この道に入って谷の中の舗装路を進む。ここでまっすぐ進むと、塔ノ沢駅方面から阿弥陀寺へと続く参道である**A**の道に出る。

❸ 阿弥陀寺は地形図をよく見ると、谷の中の傾斜がゆるんだところに立っている。

❹ 寺を通り過ぎて登山道は谷の中を進んでいく。このあたりは等高線の間隔が狭いところだ。ここでは標高差100mを上がる感覚を、体感しながら歩くようにする。

❺ 標高450m付近になると、登山道は斜面に対して水平についている。

❻ **B**の地点から広めの尾根状の道を登ると塔ノ峰に着く。塔ノ峰から北東へ延びる尾根上には水之尾への道が続く。

❼ さてここからが核心。塔ノ峰から林道に出るまでの間に小さなアップダウンが何回かある。普段ならほとんど気にしないこのアップダウンをぜひ「ピーク＆コル」に言い換えて、地形図をじっくり見ながら歩いてみよう。塔ノ峰を最初のピークとして、林道までに何個のピークがあっただろうか。これだけの短い距離でも尾根の特徴であるピークとコルを体感できる。

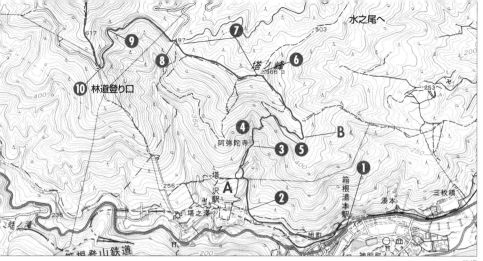

箱根

⑩ 次は頭上を確認する。地形図では送電線を越えたところで右手に登山道があることがわかる。

⑧ 林道に出る497m地点もコルである。コルは低くなっているところであるから、下っていくと林道に出るということがわかる。

⑨ いつもなら何気なく歩く林道も、今回は沢を意識して歩いてみたい。林道が大きくカーブする⑨のあたりは沢を横切る。これが塔之沢だ。進行方向左手は深く落ち込んでいる。

寄り道 　阿弥陀寺

塔ノ沢駅から近い阿弥陀寺は、アジサイと琵琶演奏の寺として知られている。また寺庭と山道には数多くの石仏、石塔が置かれている。塔ノ峰へと通じる登山道へは阿弥陀寺の裏から入り、途中で阿弥陀寺を開山した弾誓上人が修行したと伝えられる岩屋への道を分岐して進んでいく。

107

林道登り口～明星ヶ岳～913m分岐

尾根歩きはピークとコルの繰り返し

これから先、明星ヶ岳を越えて913m地点の分岐にいたるまでは、まさに稜線歩きの真髄を楽しめるところだ。標高550mほどの⑩地点から924mの明星ヶ岳まで標高差にして約374m。この間にもいくつもの小さなピークが存在し、アップダウンを繰り返しながら少しずつ高度を上げていく。これが尾根歩きの基本である。尾根ではピークとコルが目印になることを考えると、現在地の特定に重要な要素であることがわかってくる。シミュレーションコース1ではコンパスを使わないという意味はここにある。

❶ 林道の登り口から登山道に入って**A**の地点で鉄塔の横を通過する。針葉樹と広葉樹の林の中を登って❶で左に折れる。この地点は明星ヶ岳から南東方面に延びている主稜線上にある。主稜線はさらに606mの標高点が示された北東方面へ続いており、かつての地形図には徒歩道が表示されていた。

❷ 地形図を見ると登山道は768mのピークを通るルートと南側を巻くルートに分かれているが、ピークへの道はなく、巻き道を通った。巻き道からは、すぐ右手にこんもりとした小さなピークを確認できる。

❸ 地形図を見ると❸はピークになっているが、前後の傾斜がきつくなく、実際には尾根上の一角といった地形になっている。

❹ 地形図上で標高850mから上部は等高線の間隔が開いているように、登山道の傾斜はゆるやかになって明星ヶ岳の山頂へと続く。

❺ 標高924mの明星ヶ岳に到着。箱根外輪山のひとつだが、眺望のない小さな山頂である。毎年8月16日の夜に、この山で大文字焼きが行なわれることから、大文字山とも呼ばれる。

▼**6** 東西に長い明星ヶ岳の山頂部で宮城野方面への道を分けたあと、北へ向かい、コルになったBへ下る。コルから登り返すと尾根上の高みになった**6**に着く。ここには道標が立ち、東の和留沢方面へ行く登山道が分かれている。

▼**7** **7**はコルである。地形図には北東へ続く徒歩道が記されているが、道はなく、コルの手前に学校林跡地の案内板がある。地形図を見ると860mの等高線にはさまれたコルが4㎜ほど続いている。地形図の1㎜は25mなので、約100mの距離になる。

▼**8** 882mのピークを越え、ゆるやかな稜線は913m地点の宮城野方面分岐へ続く。

箱根・関本

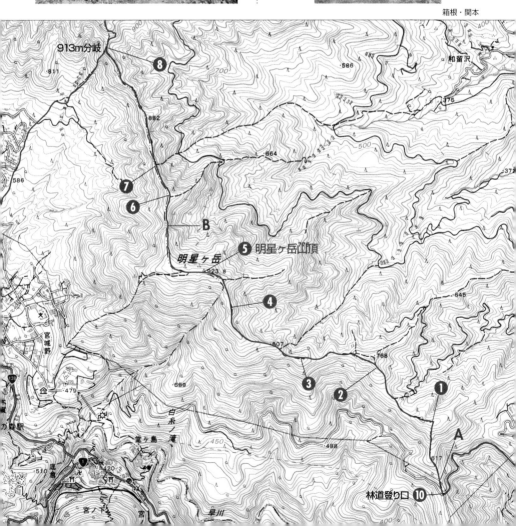

913m分岐〜明神ヶ岳〜宮城野

現在地の判断はあくまでも地形から

繰り返すが今回の目的はピークハントではない。地図読み練習の尾根歩きは913m分岐までで十分体感できたと思うので、ここから明神ヶ岳までの往復は、オプションとして考えさせてもらう。分岐からバス停までは約1時間の下りである。体力と時間に余裕がある場合のみ❶から❻まで進み、下山する場合は❻から本文を読んでほしい。ここから明神ヶ岳までは標高差256m、往復で約90分が目安になる。

明神ヶ岳山頂からはより富士山との距離が近く感じられる。また北側に丹沢山塊、東側に相模湾を望むことができる。

❶913m分岐から標高差にして約120m上がると登山道は左に折れる。地形図を見ると東に支尾根が発達しており、その支尾根に沿った登山道が右手から合流してくると判断できる。ちなみに登山道Aへは進まないようにロープが設置されていたが、支尾根を確認することができた。

❷さらに標高差約70m上がると登山道Bとの分岐になる。この先、地形図を見ると東側はゆるやかだが、西側は土崖マークが並んでいて、登山道は尾根を行くものと山腹を行くものに分かれる。

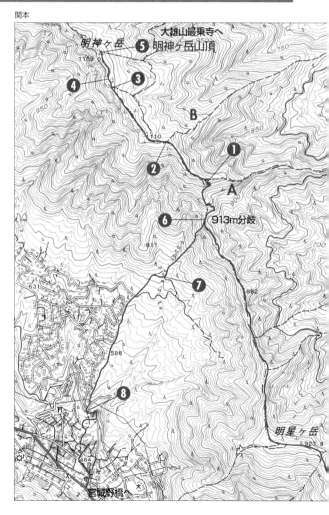

▼③ 大雄山最乗寺方面への道が再び右に分かれる。

▼④ 左側は切れ落ちている。

▼⑦ 沢を横切った。上流側にも下流側にも堰堤が見える。

▼⑧ このあと登山道は住宅地の横を通りながら高度を下げていく。⑧から先はバス停への道順が標識で案内されている。

▼⑤ 明神ヶ岳山頂に到着。山頂から富士山などの展望を堪能したら、913m分岐まで往路を戻る。

▼⑥ 913m分岐で地形図を確認。初めは下の写真のような傾斜のきつい支尾根を下っていく。ここで大事なのは先読みである。「分岐から標高差200m下って、⑦の地点で沢を横切る」と、下る前に先読みをしておこう。急な下りは足元に注意が必要なので、沢を横切る地点までは地形図を見なくてもいい。先読みをしておけば、沢を横切ったときに⑦の地点だと特定できる。

パノラマ 富士山の展望所

箱根の山は富士山の展望所としても人気スポットだ。明神ヶ岳山頂からの富士山は、手前に山容の特徴的な金時山があって重なって見える。山頂は広く、お弁当を広げてのんびりするのにぴったり。紹介コースは明星ヶ岳からの縦走だが、富士山の展望を求めて宮城野から明神ヶ岳を往復するハイカーが多い。

奥多摩 高水三山
たかみずさんざん

緩急織り交ぜた登山道とアクセスに恵まれた入門コース

コース中で随一の眺望ポイントである岩茸石山山頂から高水山を望む

歩行時間	**4時間5分**
累積標高差	登り**922m** 下り**924m**
登山レベル	**初級者**向き
2万5000分の1地形図	**武蔵御岳**

プロフィール

　高水三山とは奥多摩エリアの玄関口に位置し、JR青梅線や青梅街道の北側に点在する標高700m台の低山（高水山・岩茸石山・惣岳山）の総称。三山を結ぶ登山道の大半は樹林に囲まれているものの、JRの駅をスタートとゴールにできるアクセスのよさもあり、登山初級者向けの入門縦走コースとして幅広い年齢層に親しまれている。また、岩茸石山〜御嶽駅間は「関東ふれあいの道」にも選定されている。

アクセス

電車・バス　行き＝JR青梅線・軍畑駅
帰り＝JR青梅線・御嶽駅
※サブコース：行き＝JR青梅線・川井駅→西東京バス5分または徒歩40分→八桑
マイカー　圏央道日の出ICから都道184・251・45号など経由で約13km、軍畑大橋南の青梅柚木苑地駐車場（夜間閉鎖）を利用。駐車場から軍畑駅までは多摩川を渡り徒歩10分ほど。帰路は御嶽駅から軍畑駅まで電車利用で、駐車場へ戻る。

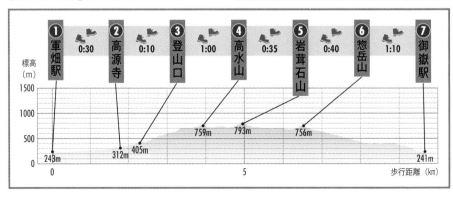

コース＆地図読みのポイント

ここでは軍畑駅を起点に反時計回りに高水三山を巡り、御嶽駅へと下る縦走コースを取り上げる。ピークはいずれも標高1000mに満たず、歩行時間も長くはない。そのぶん、余裕をもって地形図と実際のコースとの関係を知ることができるエリアともいえる。

起点の軍畑駅から登山口までは舗装路歩きとなる。一見、単調なアプローチにすぎないが、地形図に記された道路幅の違い、川や送電線との交差、植生の移り変わり、寺など目印となるランドマークをチェックすることで、登山口までの行程も味わい深いものになる。

登山道に入ってからは、等高線で示された尾根や谷、小ピークや急登などの地形を思い浮かべることで、仮に道標がなく展望のきかない道であっても、自分自身のおおよその現在地を地形図から読み取ることができる。

なお、一帯では広く植林が行なわれているため、伐採に伴い迂回路が設けられたり、登山道の様子が大きく様変わりしていることも少なくない。こうした思いがけない場面に遭遇しても、しっかりと地図読みすることで、想定外のハプニングにも冷静に対処できるようになる。

軍畑駅～高源寺～高水山

地図記号から自分自身の現在地を読み取る

　まずは軍畑駅から一座目の高水山までを取り上げる。前半は登山口までの舗装路、後半は変化に富んだ登り基調の登山道を歩く。

　車も行き交う舗装路（車道）では道路の曲がり具合は漠然とわかるものの、傾斜の変化は読み取りにくい。この部分では枝道や川との交差

のほか、送電線や畑、寺を示す地図記号が現在地を特定するのに役立つ。その後、登山道に入ると、せき（堰堤）や滝といった谷筋特有の地図記号が目立つようになる。また、沢を示す水色の線から離れた途端、尾根に向けて急登が始まる様子も地形図から読み取れる。

1 軍畑駅がスタート地点。線路沿いの道を東へ向かい、自動車通行不可の小さな踏切を越えて道なりに下っていくと、二車線道路との交差点が見えてくるので、ここを左折する。

2 緩やかにカーブを繰り返す二車線道路を北上すると、平溝川にかかる平溝橋に出合う。橋の手前を左へ入る一車線道路が登山道へと通じる舗装路。分岐には登山道を示す道標が立つ。

3 平溝川に沿うように舗装路が続き、橋を渡った先の二股を右へ入ると、地図記号の卍の個所に見えてくるのが高源寺。寺を右に見ながら、登山口へ向けてさらに道が延びている。

4 舗装路が途切れ、登山口から道なりに進むと、ほどなくして地図記号にある堰堤と急傾斜の石段（実際は木段）を確認できる。

5 堰堤の脇を越えると、まもなく木々の間を流れ下る沢が右手に見えるようになる。途中、小さな橋がかけられているので、これを渡って沢の対岸を上流に向けて歩く。

6 沢音が大きくなったのに気づき、前方に目をやると木々の向こうに小さな滝が見えてくる。落差はさほどではなく、2万5000分の1地形図がなければ見過ごしそうだが、滝の存在を示す地図記号により、現在地を確認できた。

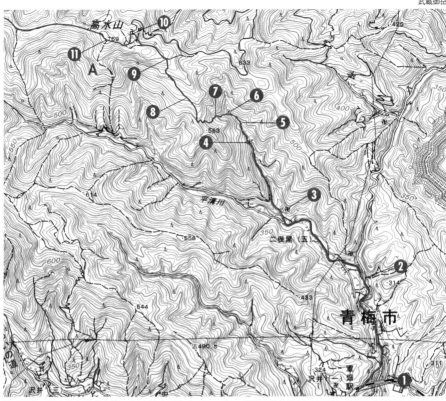

7 ⑥の滝を回り込んだ先で沢を渡り返したの
を合図に、その先では地形図に記されたよ
うにジグザグの急登が待ち受けている。等高線の
本数から、沢から尾根まで標高差約100mを一
気に登る様子が読み取れる。

9 主尾根上の三差
路に立つ道標。
高水山・岩茸石山へは
分岐を左へ向かうよう
明示されている。

10 常福院は高水山山頂手前の古刹で、地形図
にも卍記号がある。地形図には、常福院に
立ち寄る道
以外に、直
接山頂へ向
かう登山道
や北面の巻
き道も見ら
れる。

8 ジグザグの急登をクリアし、高水山へと向
かう登山道は、傾斜のきつい尾根の真上で
はなく、傾斜を抑えて歩きやすいよう、尾根のや
や西側につけられているのがわかる。

11 ベンチの置かれた高水山山頂は木々に囲ま
れ、残念ながら眺望はきかない。地形図に
は南側尾根にAの徒歩道が示されているが、現在
は廃道になっており、痕跡もほとんどない。

高水山～岩茸石山

等高線から地形を思い描いて登山道の全体像を把握する

　高水山から岩茸石山へと続く主稜線上の登山道は、それぞれの山頂前後で急傾斜ポイントがあるものの、それ以外はゆるやかなアップダウンが続いている。木々に囲まれて眺望はほとんどなく、漫然と通り過ぎてしまいがちな区間だが、たとえばわずかな盛り上がりの小ピークと

登山道との位置関係を読み解くことで、周辺の地形を思い描きながら山歩きを楽しめる。

　なお、サブコースとして西側の八桑から岩茸石山へ直接向かうルートを取り上げた。等高線と登山道の関係性がより濃密なので、地図読みのシミュレーションにも好適だ。

❶ 高水山から岩茸石山へ向けて歩き始めると、すぐさまロープの張られた急な下り坂が待ち受けている。転倒には気をつけたい。

❷ 急坂を標高差50mほど下ると、高水山の北側を回り込む巻き道との合流ポイントに出る。

❸ 登山道の北側には、両側を尾根にはさまれた谷状の地形があることが、地形図からも読み取れる。

❹ A地点に見られるほんのわずかな盛り上がりを左手に見ながら、登山道は小ピークの北側を巻くようにつけられている。

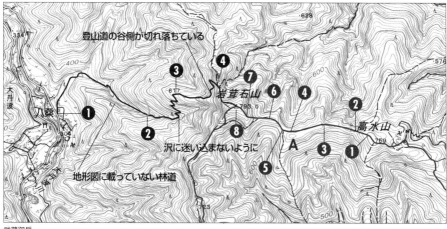

登山道の谷側が切れ落ちている

沢に迷い込まないように

地形図に載っていない林道

岩茸石山

八桑

高水山

A

武蔵御岳

116

5 Aの小ピークを回り込み、来た道（左）を振り返ったところ。右手には作業道のような踏み跡があり、地形図にも道が記されているが、登山道としては利用されていない。道迷いを防ぐため、正しい登山道を示す道標が立っている。

6 等高線の間隔が広く、傾斜がゆるい尾根上の登山道。北側の樹木が取り払われており、右手前方には岩茸石山山頂付近から北へと派生する尾根をわずかながら確認できる。

7 岩茸石山の南側巻き道との分岐から山頂までは標高差60mほどの急な登り。岩場を示す地図記号は載っていないが、短いながら歩きにくい個所があるので、慎重に通過しよう。

8 三等三角点の置かれた岩茸石山。明るく開けた山頂からは棒ノ折山などの眺めがよい。

サブコース

八桑から岩茸石山

起点は八桑バス停前。こぢんまりとした集落の先に林道が延び、コース前半は沢に沿うように、ゆるやかな登山道が続く。沢を離れると道は急になり、平坦な尾根を経て、谷の上部を回り込みながら名坂峠（なさか）に着く。急登をひと登りすれば岩茸石山山頂だ。登山者が少ないぶん、踏み跡が不明瞭な個所もあるので、道迷いには注意したい。

❶八桑バス停前の分岐を右上へ向かう

❷地形図に載っていない林道を横切る

❸急登の先に広がる尾根上の平坦部

❹名坂峠で岩茸石山への縦走路に合流

岩茸石山〜惣岳山〜御嶽駅

地形図にひそむ登山道以外の徒歩道に注意する

2万5000分の1地形図の地図記号に「登山道」という区分はない。岩茸石山から惣岳山を経て御嶽駅へと下るルートを確認すると、「幅員3.0m未満の道路（細実線）」あるいは「徒歩道（破線）」で示されている。そのため、作業路やかつての踏み跡なども、一般登山者向け

の道と同格扱いで記載されているのが実状で、この区間にもこうした混在が多数見受けられる。

登山用のガイド地図では、メインの登山道が目立つよう調製されているが、地形図特有の落とし穴があることを認識し、登山道以外の徒歩道に迷い込まないよう注意したい。

① 岩茸石山から惣岳山へと向かう登山道は、山頂部西側からいきなり岩混じりの急な下りが待ち受けている。巻き道との合流ポイントまでの標高差は約50m。足場の悪い個所が連続するので、気を抜かずにゆっくり下ろう。

② 小刻みなアップダウンを終えると、尾根の東側を巻いて登山道が延びている。尾根と

道の位置関係を地形図と照合すると、画面右上は「723」と標高点が記されたピークであることが判明した。

③ 惣岳山北面では植林が伐採され、登山道から尾根の様子を明瞭に確認できる。A地点が伐採のすんだ手前の尾根。B地点が岩茸石山から高水山へと続く奥の稜線にあたる。

④ 惣岳山山頂へ向けては、巻き道との分岐から標高差にして50mほどの急登が待ち受けている。登山道は岩や木の根を縫うように延びており、コース中随一の難所といえる。不安な場合は巻き道利用で**⑥**へ直接向かうとよい。

⑤ 惣岳山の山頂は広々とした平坦部になっており、一角には地図記号にある青渭神社奥宮（本社）が鎮座している。休憩に好適だが、木々にぐるりと囲まれているため眺望は得られない。なお、**⑤**から**⑧**へと続く登山道は、地形図上では徒歩道を示す破線ではなく、細実線になっている。道の様子や幅は前後の登山道と大差ないように見えるが、実線と破線は道の幅によって決められている（P128参照）。

⑥ 惣岳山から急坂を標高差50mほど下ると、巻き道との合流地点手前に小さな祠が現れる。青

渭神社の末社で、真名井ノ井戸と呼ばれる湧水ポイントだが、水量はごくわずかにすぎない。

▼**7** 2万5000分の1地形図には、一般登山道として利用されている道以外も記されている。下の写真は**7**を御嶽駅側から見上げたところ。正しい登山道は向かって右だが、正面の尾根上にも地形図にある踏み跡がうっすらと見える。

▼**8** 登山ルートが交わる個所に立つ道標は現在地を知る格好のスポットだ。惣岳山からここまで下りが続いたが、道標のある分岐の先には正面に見える小ピーク**C**への登りが待ち受けているのが地形図から読み取れる。

▼**9** 地形図には送電線が示されている。登山道の上を横切る送電線を見つけることで、現在地を確認できる。

▼**10** 尾根を外れ、東側斜面の急坂を下りきると、卍記号のある慈恩寺脇で登山道は終わる。道なりにJR青梅線の踏切を渡れば、ほどなく赤線で示された国道411号に出る。ここまで来れば御嶽駅はもう目と鼻の先だ。

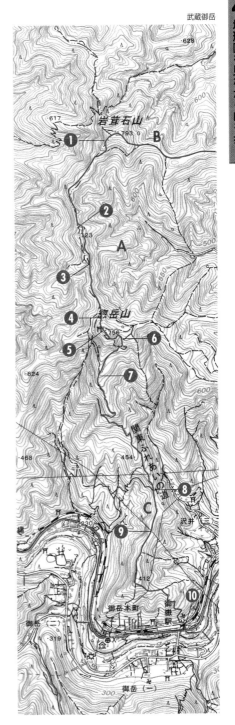

シミュレーションコース 3

奥秩父　金峰山（きんぷさん）

森林限界を超え、ワイドな展望が展開する山頂を訪ねる

歩行時間　**7時間**

累積標高差　登り**1160m**　下り**1160m**

登山レベル　**中級者**向き

2万5000分の1地形図　**金峰山・瑞牆山**

西側から五丈岩の先に金峰山山頂部を眺める

プロフィール

標高2599mの金峰山は奥秩父の主稜線上に位置し、東西にのびやかな尾根を延ばしている。山頂部には巨岩が積み重なった五丈岩（ごじょういわ）がある。山頂からの展望は素晴らしく、富士山や南アルプス、八ヶ岳などの大パノラマが展開する。西側の瑞牆（みずがき）山荘から往復するとアップダウンがあって体力的にやややハードなので、北側の廻（まわ）り目平（めだいら）からのコースをたどってみよう。登りやすい時期は5月下旬から11月上旬ごろだ。

アクセス

電車・バス　往復＝JR小海線・信濃川上駅→川上村営バス35分→川端（かわはた）下。川端下から廻り目平入口までは徒歩45分となる。なお、大弛峠（おおだるみとうげ）へはJR中央本線・塩山駅から栄和交通のバス・乗合タクシーで約1時間30分（柳平乗り換え）。

マイカー　廻り目平へは中央道・須玉ICから国道141号経由で約46km。大弛峠へは中央道・勝沼ICから国道411号や川上牧岡林道（6〜11月に通行可）経由で約45km。

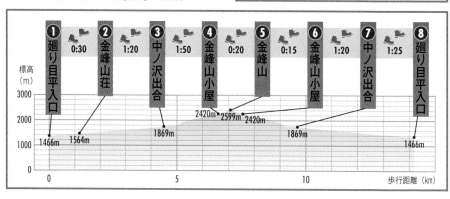

標高（m）

① 廻り目平入口　0:30　② 金峰山荘　1:20　③ 中ノ沢出合　1:50　④ 金峰山小屋　0:20　⑤ 金峰山　0:15　⑥ 金峰山小屋　1:20　⑦ 中ノ沢出合　1:25　⑧ 廻り目平入口

1466m　1564m　1869m　2420m　2599m　2420m　1869m　1466m

歩行距離（km）

コース&地図読みのポイント

　金峰山の山頂周辺は森林限界を超えていて、地形図上にはハイマツ地の記号が表示されている。主稜線上は見通しがよく、尾根の様子など地形を観察するのにも適している。山頂周辺では地形図と実際の地形を見比べてみよう。

　ここでは廻り目平からコースを追ってみる。林道を進むと西股沢に沿う道となり、ときどき右手から流れが西股沢に合流する。地形図上で流れのありそうな谷を探して現在地を予測しながら進む。中ノ沢出合で流れを渡って樹林の中を登っていくと、沢沿いの最終水場に出る。地

形図を見ると、このあと登山道は谷から離れて支尾根へと登っていくことがわかる。等高線の間隔がやや詰まった支尾根から金峰山の北西に延びる尾根へと登る。樹林から抜け出すと、金峰山小屋に着いて森林限界を超える。小屋からハイマツの斜面を登って奥秩父の主稜線上に出ると、まもなく金峰山山頂に着く。山頂の西側には五丈岩がそそり立っている。

　P126で紹介する大弛峠からのコースは金峰山への最短路。主稜線上をたどるコースで、地形図上から小ピークやコルの位置を読み取ると現在地をつかめる。

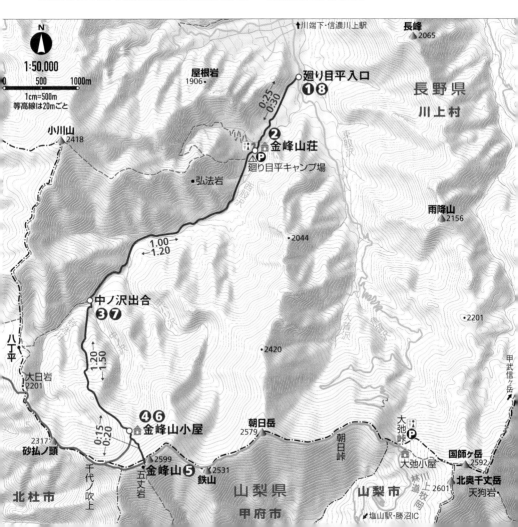

廻り目平入口～金峰山荘～中ノ沢出合

流れのある谷を地形図から予測する

廻り目平入口から中ノ沢出合までは林道をたどる。金峰山荘を過ぎて廻り目平キャンプ場内を抜け、西股沢沿いの道へと進む。地形図上では金峰山荘～中ノ沢出合間で北側から西股沢へ流入する水色の流れの線は2本しかないが、林道をたどっていくと右手から流れ込む支沢がほかにも何本かある。等高線が山側へ鋭くくい込んだ状態になっていて、流れがあると予想できる顕著な谷を地形図上で確認できれば、現在地を知る手がかりにすることができる。ただし、ひとつひとつの沢をチェックしていかないと、そこが何番目の沢であるかはわからない。

① ここでは廻り目平入口からコースをシミュレートする。左が大弛峠方面、右が金峰山荘を経て金峰山へ行く道で、右へ向かう。マイカーかタクシー利用であれば山荘前まで車で入れる。

② 舗装路を南西へ進む。地形図上には道の周囲に針葉樹林の記号が置かれているが、周辺にはカラマツ林などが広がっている。

③ 金峰山荘前を通過し、未舗装路となった林道をたどる。山荘の周りは廻り目平キャンプ場になっていて、駐車場も設けられている。

④ 堰堤のある支沢を渡る。谷の先に岩山が見え、コンパスを使って確認すると小川山から東に延びる尾根上に位置するピークである。

⑤ ④から700mほど歩くと再び沢を渡る。地形図を見ると、西俣沢沿いには沢側から等高線が張り出している谷地形がいくつもあり、ここから200mほど先にあるⒶの地点も沢になっている。

⑥ 右から西股沢へ流れ込む支沢を過ぎる。堰堤がふたつ設けられていることから、地形図上でこの地点を流れる沢だとわかる。

7 道標の立つ中ノ沢出合に着き、左手の金峰山方面へ進む。まっすぐ進むと八丁平や大日岩方面だが、道がわかりにくい個所もある。

8 中ノ沢出合近くで西股沢は砂洗川と中ノ沢に分かれる。丸太の橋で砂洗川を渡り、樹林の中に入っていく。

金峰山・瑞牆山

中ノ沢出合～金峰山小屋～金峰山

森林限界を超え、地形を観察しながら歩く

中ノ沢出合から南へ向かい、沢から離れると樹林帯の尾根の登りとなる。地形図上では金峰山小屋から下は針葉樹林の記号、上部にはハイマツ地の記号が並んでいるが、小屋は森林限界点に位置し、小屋から山頂まではハイマツの斜面が広がる。主稜線上に出るとまもなく金峰山山頂に着く。地形図からわかるように、山頂から東へは広い尾根が続く。一方、西へ延びる尾根沿いには岩崖記号が並んでいるように、南側が急斜面になっている。山頂の西側には金峰山のシンボル・五丈岩がある。五丈岩前から金峰山小屋へと下り、往路を廻目平へと戻る。

❶ 砂洗川を渡ったあと、地形図上の道は中ノ沢沿いを行くが、実際は樹林の中を進む。いったん沢沿いに出て最終水場を過ぎたあと、再び樹林帯を登る。

❷ 標高約2120m地点。中間地点を示すプレートが木につけられていて、金峰山小屋まで1時間と記されている。

❸ 尾根沿いの道は深い樹林の中を延びる。地形図上の記号が示すように、周囲にはシラビソやコメツガなどの針葉樹の林が広がり、上部ではトウヒも見られる。

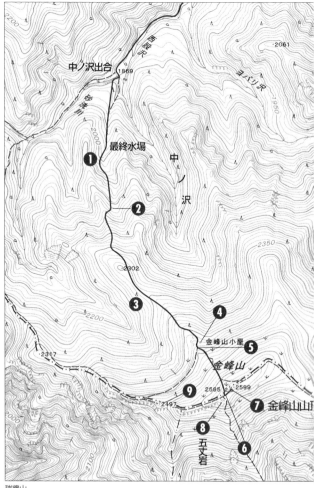

瑞牆山

124

④ 樹林帯を出ると金峰山小屋に到着する。地形図から小屋が2420m地点に立っていることがわかるが、ここで森林限界を超える。

⑤ 小屋のすぐ上に平坦地があり、前方に金峰山の山頂部が望める。北側には下写真のゆったりした山が見え、山座同定してみると小川山であることがわかる。

⑥ 小屋からハイマツの斜面を登ると方位盤や道標のある主稜線上の十字路に出る。大きな岩が重なり合った左手の高みが金峰山の山頂で、右手には特異な姿をした五丈岩がそそり立つ。

⑦ 標柱の立つ金峰山山頂には巨岩が多い。三角点の標石が置かれているところは標高2595mだが、山頂部の最高点は標高2599m。

⑧ 山頂直下にある五丈岩はオブジェのようで、遠くから見ても目立つ存在。地形図に名前は載っていないが、岩記号は置かれている。

⑨ 主稜線上から西側を眺めたもの。地形図上に岩崖記号のある尾根の南側は切れ落ちていて、非対称山稜に近くなっている。

山頂からの展望

森林限界を超えている金峰山の山頂からは360度の大パノラマが楽しめる。南側には富士山がそびえているが、日中は逆光になっている。このほか、南西に南アルプス、北西に八ヶ岳（写真）、東側には国師ヶ岳から甲武信ヶ岳へと連なる奥秩父の山々が眺められる。

大弛峠～朝日岳～金峰山

ピークとコルで現在地をチェックする

　山梨と長野県境に位置し、車道が通じる大弛峠。この峠から主稜線上を西へたどる金峰山への最短コースを歩いてみよう。峠から金峰山までの間で、地形図上に名前の載っている山は朝日岳と鉄山の2座だが、それ以外にも小ピークが点在している。こうした小ピークと、ピーク間にあるコルの場所を地形図から読み取れば、現在地を知ることができる。

　なお、コースタイムは大弛峠～朝日岳間は往路1時間、復路50分、朝日岳～金峰山間は往路1時間30分、復路1時間で、合計4時間20分の行程だ。

① スタート地点となる大弛峠の標高は2360mで、金峰山山頂との標高差は240mほど。峠には無料の駐車場やトイレがある。

② 峠を出発して最初の小ピークに着く。道標が立っているが、山名は記されていない。地形図を見ると南北に少し長い2447mのピークであることがわかる。

③ 2447mのピークを越えたあと、巻くようにして次のピークを通過し、ゆるやかに下ると朝日峠に着く。標識とケルンのあるこの峠も、ピーク間のコルになっている。

④ 朝日岳の山頂は樹林に囲まれているが、山頂から少し先へ進むと展望が開け、五丈岩のある金峰山へと続く山並みが眺められる。金峰山の左側のピークが鉄山になる。

⑤ 朝日岳山頂から急な道を標高にして50mほど下ってわずかに登り返し、小ピークを過ぎて再び下るとコルに着く。地形図からわかるように、平坦地のように見える横長のコルだ。

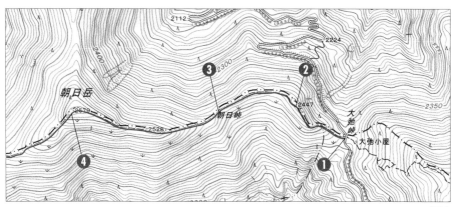

金峰山

金峰山

▼⑥ 地形図を見ると、登山道は標高2531mの鉄山の山頂を通らずに北側を巻いている。
途中に左へと道が分かれているが、入らないようにロープが張られていた。この道は鉄山方面へ行く道だ。

▼⑦ 鉄山の巻き道から再び主稜線上に戻ると、森林限界を超えてハイマツの広がる、明るい斜面となる。主稜線をたどり、金峰山山頂を目指す。

▼⑧ 金峰山から東へ延びる尾根はゆるやかで、幅も広い。砂と石の尾根道を進み、大きな岩が点在する金峰山の山頂へ近づいていく。

▼⑨ 三角点のある標高2599mの金峰山山頂。巨岩が散乱した山頂部には平坦なところがほとんどない。そのため、風を避けられる西側の五丈岩の周りで休憩する登山者も多い。

地形図話あれこれ

山名の表記の有無

　地形図や数値地図などのもとになっている国土地理院の電子国土基本図には、登山地図に比べると名称が表示されている山が少ない。たとえば神奈川西部に位置する丹沢山塊の登山地図で丹沢最高峰の蛭ヶ岳（ひるがたけ）周辺を見ると、蛭ヶ岳と丹沢山の間にある不動ノ峰（1614m）、棚沢ノ頭（たなさわのかしら）（1590m）、鬼ヶ岩ノ頭（おにがいわ）（1608m）という3つのピークに山名が記されている。神奈川県のホームページでも不動ノ峰と鬼ヶ岩ノ頭を丹沢で標高2位と3位の山として紹介しているが、地理院地図にはいずれの山も名称が表示されていない。どうしてだろうか。

　地理院地図への山名の表記は、地元の市区町村の資料に基づいて行なわれ、主要な山に名称が記されている。そのため、自治体の資料に名称が記載されていない山やマイナーなものについては山名が表示されない。丹沢の地形図も同様で、山名が記載されているピークは一般的な登山地図の半数以下だ。

　なお、自治体からの申請によって地理院地図の山名が変更されることもある。たとえば、金峯神社（きんぼう）の社殿が点在する山形県鶴岡市の金峯山（きんぼうざん）は、鶴岡市の申請を受けて2019年3月に「金峰山（きんぼうざん）」から「金峯山」へ変更された。

　その一方で、地元の自治体が用いている山名と、地理院地図の山名が一致していないケースも少なくない。奥多摩の川苔山もそのひとつで、地元の奥多摩町のホームページでは「川苔山」と紹介され、山頂の標石なども「川苔山」になっているが、地図の表記は「川乗山」だ。こうしたケースでは、山名の確認に利用された自治体の資料が「川乗山」という表記になっていたと考えられる。

破線と実線の違いは？

　紙の地形図の下部には地図記号の凡例が記されている。細い実線で表示される道は、平成14年地形図図式では「軽車道」という名称だったが、平成25年図式では「幅員3.0m未満の道路」になっている。P118で紹介した高水三山の惣岳山から御嶽駅間の登山道の一部は（2万5000図「武蔵御岳」に掲載）、平成25年図式の図になってから「徒歩道」の細破線ではなく、細実線で描かれている。この理由について国土地理院に問い合わせてみた。

　「徒歩道」は幅1m未満の道路で、細実線の「幅員3.0m未満の道路」には、車道だけでなく、「徒歩道」よりも幅の広い1m以上の歩道も含まれている。そして、2016年5月に行なった図の更新時に使用した資料（東京都が作成した都市計画基図）に、登山道の一部が幅1m以上の道路で取得されていたため実線で表示したという。道幅が1m以上ある登山道は、細実線で表示されることがあることを覚えておこう。

地形図では細実線で表示されている惣岳山～御嶽駅間の広い登山道。実際には道幅の狭い個所もあるので、歩いていても実線と破線の区別はわからない

第5章

山で
迷わないために

先読みと現在地確認の重要性

遭難につながる「道迷い」

遭難の多くは「道迷い」がもとになって発生している。予定していたルートから離れ、現在地がわからなくなることの精神的なダメージは、パニック状態を引き起こす可能性もある。間違った思い込みや焦りから急な岩場を通過せざるをえない状況に陥り、そこで滑落事故が発生してしまうパターンも少なくはない。

もし道に迷ってしまったら、現在地のわかるところへ引き返すことが鉄則である。しかし、その現在地のわかる地点があまりにも遠い場合、おそらく心理的に楽をしたいと考えるだろう。このまま来た道を戻るよりは、この沢を下ったほうが楽だろうという具合である。つまり登り返しを無意識のうちに避けてしまった結

果、急な尾根や沢を下るという選択をしてしまうのだ。急な尾根にはスリップしやすい個所、沢には滝という難所があることを決して忘れてはならない。楽をしたいと思ったがゆえに、滑って転んで骨折でもした場合、それこそ自力での脱出は困難になってしまう。

では、そんなパニック状態に陥らないためにはどうしたらいいのか。それはGPSや地形図をこまめに見て、現在地を確認しながら予定していたルートを忠実にたどることである。事前に地形図を見てコースの下調べをしていれば、尾根や谷を外した時点ですぐにおやっと思うだろう。間違いに気づくのが早ければ早いほど、リカバリーにかかる時間は少なくてすむ。

地図を見て先読みすることが大切

常に地形図やGPSを見ながら歩くというのも、現実的にはなかなか難しい。そこで有効な方法が地形図を見て「先読み」することである。今、Aという現在地にいるとして、次のチェックポイントをFと決める。このとき、AもFもわかりやすいポイントでなければならない。ここでは仮にAもFもピークとする。AからFまでの先読みは次の通りである。

AからFまではおよそ距離にして1250mの稜線歩きだ。Aを出発するとすぐにBという分岐がある。Bはそのまま通過して30m下ると道はなだらかになる。小ピークCを越えると右手に分岐Dがある。さらに小ピークEを越えたら882mのピークFに着く。

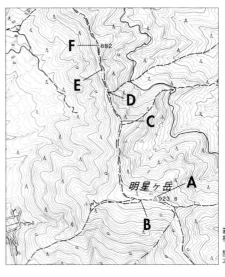

箱根・関本

130

予定しているルートは稜線上にあり、**A**から**F**までの間だけでも、小ピークを越えるための上り下りが数回ある。しかし急な下りもなく、ルートは比較的なだらかである。もし急な下りが続いている場合には、違う道を下りてしまっているとすぐに気がつかなければならない。

道迷いが原因の遭難にいたる心理的プロセス

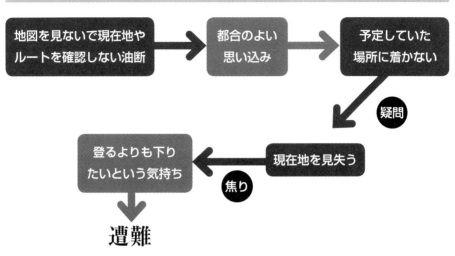

地図を見ないで現在地やルートを確認しない油断 → 都合のよい思い込み → 予定していた場所に着かない

疑問

登るよりも下りたいという気持ち ← 現在地を見失う

焦り

遭難

日没・滑落・ケガなど

地図読みに必要な連想

目の前にある実際の地形を地形図に落とし込んでみると、現在地の場所が連想できる。逆に地形図から地形を連想すると、「次のポイントまではピークが2つ」というように、ルートの特徴をつかみやすい。

道を間違えやすい地形

間違えやすい地形のパターンを知る

　道迷いはコースの技術的な難易度とは関係なしに発生する。高山帯よりもむしろ踏み跡や仕事道が交錯した低山で起こりやすい。地図などを見ずに道だけをたどっていると、いつのまにか予定していない道に入り込んでしまう。しかし、道を間違えやすい地形にはパターンがある。

これを事前に知っておくだけでも、少しでも道迷いを防げるに違いない。

　道を見失いやすい地形は踏み跡やルートが不明瞭になりやすいところや広い場所。そうした場所を通過する際にはこまめにコースを確認しながら歩くことが大切だ。

パターン1　樹林帯

　地形図にない登山道や踏み跡、仕事道など、予期せぬ道が多く存在する樹林帯。地形図にない仕事道やけもの道、支尾根などがあたかも登山道のように見えてしまう。また地形図にあっても実際にはない（廃道になっている）登山道もある。多くの人が歩けば自然に道となるし、通らなければ道は消える。つまり道は常に変化するので、地形図が100%正しいという思い込みは危険である。

　登山道から外れた場合は、浮石（地面との接地が安定していない石のこと）などが多くなり、

足元が不安定になっていることが多い。また、木の枝が散乱していたりするので、その変化に早めに気がつくことも大切だ。

パターン2　広い平坦地・広大な山頂部

　広々とした山頂部や尾根、広い平坦地などはどこでも歩ける。ゆえにルートから外れて道に迷いやすい。道標のしっかりした富士山でさえも道迷いが発生しているのは、尾根と谷がはっきりしていない地形だからである。こうしたところを歩くときは視野を広くもち、進みたい方角を意識しておく必要がある。視界が悪いときにはコンパスを頼りに歩き出すこともある。

パターン3　岩稜帯・ガレ場

　主に高山帯にある岩稜。岩稜帯やガレ場を歩
くときは岩に付けられたマーキングが頼りとな
る。視界がはっきしているときはあまり不安な
く歩けるが、濃いガスに巻かれた状況下では注
意しなければならないところだ。岩稜帯でいっ
たんルートを外れるとどんどん登山道から離れ
ていってしまうこともあるので注意したい。常
にマーキングをチェックしながら歩こう。

パターン4　雪渓・残雪

　春先の残雪や大きな雪渓は登山道を隠してし
まっているだけでなく、間違った方角へと誘導
してしまう可能性がある。この場合は足元に残
っている足跡ばかりに頼らず、地形図を見て進
みたい方角をコンパスで測る必要もある。見通
しがきかない場合はいっそう慎重にならざるを
えない。特に迷いやすいのは、踏み跡がついて
いない広い雪渓。雪渓が終わった先には登山道
が続いているはずなので、雪渓の端まで来て道
がない場合には誤った方向へ歩いてきたことに
なる。こうした場所ではやはり地形図とコンパ

スを見ながら進む方向を決めよう。
　なお、北海道や東北の山々や、日本アルプスな
どの高山では夏遅くまで雪渓が残ることもある。

パターン5　広い河原・沢

　登山道が河原や沢に沿ってついている場合、
登山道はなるべく歩きやすい場所を選んでつく
られていることが多い。その結果、何度も右へ
左へと沢を渡る必要が出てくる。河原や沢は踏
み跡がつきにくいだけでなく、沢の渡渉点まで
は地形図には示されていない。
　こういう場所では赤布や岩に印されたマーキ
ングのみが頼りとなる。沢の両岸にある目印を
見失わないように、視線を右へ左へと動かしな
がら歩くようにしよう。正しい登山道から外れ

ると、樹林帯の場合と同じように浮石が多くな
ってくる。

道を間違えやすい状況

道迷いの不安要素を少なくする

前ページで道を誤りやすい地形を説明したが、道を間違えやすい状況というものもある。同じように事前に心得ておけば、そのような状況に出会ったときでも不安要素は少なくてすみ、落ち着いて対処できる。

道を間違えやすい状況のひとつは視界のきかないとき。その代表的な例がガスの立ち込めているときだが、小雨が降っているときや薄暗くなってきたときなども見通しが悪くなり、迷う危険性が高くなる。特に高い山では午後になると天候が変わりやすくなるので、早めの時間帯に行動したい。また、スピードの出やすい下りでは誤った方向へ行ってしまうと、どんどん下っていってしまうことになるので注意しよう。

ケース1　視界がきかないとき

ガスに巻かれると急いで目的地に着かなければという焦りが生じ、ケガや道迷いにつながることも

山ではガス（霧のこと）が発生しやすく、視界のきかない中を進むこともある。先が見えないということは精神的に不安な状況だ。そのためにも現在地の確認と次のチェックポイントまでの先読みは欠かせない。必要ならばコンパスで方角を決めて、自信をもって進まなければならない場面もあるだろう。このようなときのために、コンパスの使い方には日頃から慣れておきたい。

ケース2　ヤブの多い道

背丈の高いササヤブの中をかき分けて進んだ経験はないだろうか。こんなときこそコンパスの出番である

ヤブは自然のものである。登山道は歩きやすいように人為的にヤブが刈り払われていることが多いが、ついこのことを忘れてしまう。しかしあまり人の入らない登山道はヤブがそのままの状態のこともある。深いヤブは登山道を隠してしまうので、進むべき道がまったくわからないという状況もありえる。こういうときは周囲の地形をよく観察しながら、コンパスを使って定めた方向に向かって歩くことになる。

ケース3　尾根の下り

じつは尾根を登っているときには、あまり道に迷うという心配はない。なぜなら尾根はすべてピークに向かって延びているからだ。たとえ現在地を見失ったとしても、尾根を上がっていけば、必ずどこかのピークに出る。反対に尾根を下っているときに道迷いは発生する。なぜなら尾根は山の裾野に向かって何本もの支尾根を派生させながら延びているからだ。しかも登りに比べてペースも速い。尾根の下りでは、現在地と次のチェックポイントまでの距離を短く設定することもポイントである。またコンパスも有効に使いたい。次のチェックポイントまでの方角を測ったらコンパスはそのままで下る。もちろん尾根は多少曲がっているが、あまりにも方角がずれているようならば、違う支尾根に入ってしまった可能性がある。いずれにしても間違いに気がつくのが遅れれば遅れるほど、正しいルートに戻る時間も体力も必要になる。

スピードの出やすい尾根の下りではこまめに現在地を確認しながら進むことが大切だ

樹林帯の尾根道には踏み跡がわかりづらい個所もあって、支尾根に入り込みやすい

ケース4　谷の登り

尾根とは正反対の特徴をもつのが谷だ。谷を下る場合は、沢が流れていく方向へ進めばやがて本流に出合い、さらに麓へと通じる。しかし、谷を登る場合、沢は次から次へと枝分かれしていくので、どの沢に入り込んだかわからなくなってしまう可能性がある。予定していた沢とは違う沢に入ってしまうのは「沢登り」という特殊な分野に限る話だが、同じことは登山道が沢沿いについている場合にもあてはまる。登山道が水の流れていない谷についていて、ある場所で沢が二俣になったとしよう。もしそこで小さな標識やマーキングを見落として違う沢に進んでしまったなら、そのとたんに浮石の多い険しい場所になってしまうかもしれない。こうしたとき、先ほど通過した二俣で間違ったのだと気がつけば早めに正しい谷に戻ることができる。

谷は上部に行くにしたがって支沢を分けていく。道が荒れぎみと感じたら、すぐにコースを確認しよう

ルートの目印になるもの

コースを示すもの

北アルプスの人気ルートや日本百名山など、多くの登山者が訪れる道にはしっかりした道標が設置され、安心して歩けるところが多い。また山小屋があるルートでは小屋のスタッフなどが登山道を整備しているので、仮に道標が破損した場合でもすぐに修復される。

しかし、訪れる人の少ない山では道標も少なく、ふと不安に感じる個所もあるだろう。ここでは道標以外でコースを示すものを紹介してみたい。目印になるものやコースを知る手がかりになるものを知っておけば、歩くときに心強い味方になってくれる。

赤布

迷いやすい場所や雪が積もるルートに付いていることが多い赤布。通行した登山者が新たに付けることもある。沢の終了点（谷が尾根に突き上げた場所）に目印として付いていることも多い。特に残雪があるときは道がわかりづらいので、赤布は頼りになる。

ケルン

石が積み上げられたケルンは、傾斜がゆるくて広い平坦地にルートの目印としてあることが多い。登山者が安全を願ってひとつずつ石を積み上げて出来上がったものもある。

岩に付いたマーキング

岩稜帯にある登山道や岩場には、どこがルートなのかがわかりづらい個所もある。こうしたところでは岩に付いたマーキングが目印になっている。

ルート上で手がかりとなるもの

送電線と鉄塔

　現在地の把握とルート維持のため、地形図に描かれている人工物の情報の中で、送電線はかなり有用な情報となる。空を見上げれば送電線を越えたことは明白でわかりやすい。登山道でよく見かける鉄塔は、地形図にその場所までは描かれていない。ただし、鉄塔が立てられている場所はほとんど尾根上であることを覚えておくと役に立つ。

進入しないように示すもの

　山にある道は登山者だけのものとは限らない。そこで生活する人たちの道や林業のための仕事道もある。登山者が間違って侵入しないように合図をしているものを紹介する。

林業のマーク

　樹林帯でよく見かける木々に直接付けられた印は、そこが登山道であるという印ではなく、林業関係の印であることが多い。マーキングは赤や白、黄色などいろいろあるが、赤い色だと思わず登山道の印のように勘違いしてしまう登山者もいる。樹林帯でこうしたマークを見かけても、入り込まないようにしよう。

進入禁止を示す枝の集まり

　これもよく低山の樹林帯で見かけるものだが、仕事道の入口に侵入を防ぐために木や枝が集められていることがある。

登山道でない場所は道が荒れている

　ついうっかり登山道を外れて仕事道に入り込んでしまうと、今まで歩きやすかった道が急に荒れていたり、木の橋が朽ちていたりする。「ずいぶん道が悪いな」と思ったときは、道を間違っているかもしれないと疑ってみよう。

山岳遭難の現状は？

年間で2500件を超える遭難が発生している

　警察庁の発表によると、2018年に全国で発生した山岳遭難の件数は前年から78件増えて2661件、遭難者数は3129人（前年から18人増）におよび、統計をとりはじめた1961年以降でともに最多の数値となった。20年ほど前の1998年に前年から遭難件数が32.1％も増加して初めて1000件を超えたが（1077件）、その後も遭難は年々増加傾向にあり、2013年に2000件を超えて2172件になり、2017年には過去最多の2583件を記録していた。

大都市圏と高齢者の遭難が増加

　都道府県別の発生状況を見ると、北アルプスや八ヶ岳などの人気エリアのある長野県が297件で1位、最も広い面積をもつ北海道が2位（201件）で、1位と2位は4年連続で同じ

だった。3位は高尾山稜や奥多摩のある東京都（147件）で、4位山梨県（145件）、5位新潟県（136件）、6位群馬県・神奈川県（132件）と続く。六甲山地のある兵庫県でも118件の遭難が発生しており、最近は人気の高い山域を抱える大都市圏での遭難の多さが目立つ。

　遭難者の年齢層では、前年までは60代が最多だったが、2018年は70代が22.3％でトップ。2位は60代（22.1％）、3位は50代（15.5％）で（下の円グラフ参照）、50〜70代の登山者で全体の59.9％を占めた。以下は40代12.5％、30代8.9％、20代6.9％の順で、年齢が若くなるにつれて割合が減っている。

　10年ほどさかのぼって2008年の中高年登山者の遭難状況を見ると50代19.1％、60代29.8％、70代17.6％、80代4.2％。一方、

■遭難者（全国）の年齢別比率

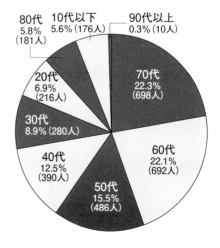

2008年

- 20代 6.4%（123人）
- 10代以下 4.6%（90人）
- 80代 4.2%（81人）
- 90代以上 0.4%（7人）
- 60代 29.8%（576人）
- 30代 7.9%（152人）
- 40代 10.0%（193人）
- 70代 17.6%（340人）
- 50代 19.1%（370人）

2018年

- 80代 5.8%（181人）
- 10代以下 5.6%（176人）
- 90代以上 0.3%（10人）
- 70代 22.3%（698人）
- 20代 6.9%（216人）
- 30代 8.9%（280人）
- 60代 22.1%（692人）
- 40代 12.5%（390人）
- 50代 15.5%（486人）

■原因別遭難者（全国）構成比率

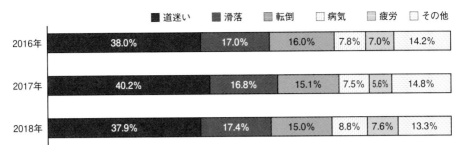

	道迷い	滑落	転倒	病気	疲労	その他
2016年	38.0%	17.0%	16.0%	7.8%	7.0%	14.2%
2017年	40.2%	16.8%	15.1%	7.5%	5.6%	14.8%
2018年	37.9%	17.4%	15.0%	8.8%	7.6%	13.3%

2018年は80代の遭難者も5.8%で、70代以上の遭難者の割合が増えていることがわかる。2008年頃は中高年登山者の増加が目立っていたが、高齢化社会となりつつある最近では高齢登山者の遭難の増加が顕著になっている。

原因別では道迷い遭難がトップ

2018年の遭難者を原因別（態様別）に見ると、道迷いが37.9%（1187人）で1位。2位は544件の滑落（17.4%）で、以下は転倒（15.0%）、病気（8.8%）、疲労（7.6%）、転落（3.2%）となっている。

1位の道迷いは、例年、遭難全体の40%前後を占めており、2位以下を大きく引き離している。この道迷い遭難は高い山よりも低山で発生する割合が高くなる傾向が見られる。槍・穂高連峰や後立山連峰などの3000m級の山々を抱える長野県で2018年に起こった遭難を原因

あたりが薄暗くなると道に迷いやすくなるだけでなく、道の状況がわかりにくくなって転倒なども起こしやすい

別に見ると、転落と滑落が31.7%、転倒が23.9%で、道迷いは13.8%だった。日本アルプスなどでは一般的な登山シーズンが残雪の少なくなる時期から降雪が見られるまでの期間に限定され、その時期に登山者が集中する。また、長野には日本百名山も多く、道標や登山道が整備された人気コースが多いことから道迷いの割合が少なくなっていると考えられる。2018年の月別の遭難件数では8月が71件の最多で、次いで7月（46件）、10月（40件）、9月（36件）の順。長野では夏と秋に遭難が多発する一方で、入山者数が大きく減少する初冬以降は遭難件数も減り、11月はわずか2件で、12月も6件だった。

標高400〜900m前後の低山が連なる六甲山地を抱える兵庫県では、2018年に118件、2017年に100件の遭難が発生した。2017年の遭難を原因別に見ると道迷いが48.0%で、全体の半分近くを占めている。月別では新緑の5月と紅葉の11月が14件と最も多かった。11月の遭難は、14件のうち8件が道迷いによるもの。11月になると日ごとに日没時間が早くなっていくが、日没によって道がわからなくなったケースも2件（六甲山地と姫路の雪彦山）あった。たとえGPSや地形図を持っていても、あたりが暗くなってしまってはルートを見失いやすくなる。特に日暮れが早まる晩秋から初冬にかけては早発ち早着を心がけることも道迷いを防ぐことにつながる。

道に迷ってしまったら

もし道に迷ったら

道迷いや遭難までにはいたらなくとも、現在地がわからなくなってしまった、または道を間違えてしまったことに気づいたとき、どう対処したらよいのだろうか。

答えは現在地のわかる場所まで引き返すことである。進んできた道を戻ることは、誰にとっても難しい選択だ。引き返すには時間もかかりそうだし、このまま下ってしまったほうが早く下山できるだろうと考えるほうが普通である。つまり、登るよりは下りたいと考えるほうが一般的なのだ。

しかし、これが道迷いの落とし穴なのである。来た道を戻るほうが、結果として時間的にも短縮になると心得ておいてほしい。

誤った道を下っていった場合、崖などに行き当たって先へ進めなくなることもありえる。そうなった時点で道を引き返すよりも、最初におかしいと気づいたときに戻るほうが、体力的にも時間の面でもロスが少なくてすむのだ。

日没を迎えたら

万が一、道に迷って日没になってしまったら、行動を中止してビバーク態勢に入ろう。ビバークとは岩陰や樹林の間などで緊急避難として夜を明かすことである。

ビバーク時は想像以上に体温が奪われる。持っている衣類すべてを着て、小物も駆使して防寒対策をしよう。夏場の日帰りでも手袋や使い捨てカイロ、エマージェンシーシートを持っていると万が一のときに役に立つ。

ビバーク地の選び方

ビバークする場合、場所の選定も重要で、危険なところは避けるようにする。たとえば、急斜面の下やガレ場など、落石の危険があるところや、増水したときに逃げ場のなくなってしまう沢の中州などはNG。また、稜線上などの風の強い場所も体温を奪われやすいので避けよう。逆にビバークによい場所は風を避けられる安全なところで、大きな岩と岩の間や樹林帯などが適している。

なお、周囲が真っ暗になってしまってからでは、よいビバークポイントを見つけるのも難しくなる。そのため、ビバークすることを決断した場合にはまだ明るさの残るうちに場所を探しておくようにしよう。

持参しているものすべてを身につける

山岳地ではたとえ夏でも夜になると冷え込んでくるので、帽子や手袋、手ぬぐいなど、持っている小物なども活用しよう。また、雨具や防寒着など、ザックに入っているものはすべて着用する。フリースなどの防寒着を持っていれば、いざというときにも役立つ。

夏場でも持参するとよいもの

写真は左から手袋、エマージェンシーシート、使い捨てカイロ。これらを合わせても重さは約100gなので、ザックの中に入れておくといい。エマージェンシーシートはアルミ素材が用いられており、軽量で保温効果が高い（使用法は左下の写真参照）。

ツエルト（簡易テント）がない場合のビバーク例

エマージェンシーシートがある場合
ツエルトがあれば簡易テントして使えるが、ない場合には少しでも風を避けられる安全な場所を選び、防寒着などを身につけてエマージェンシーシートをかぶる。

ツエルトもエマージェンシーシートもない場合
何もないときには衣類すべてを着込む。そして、ザックの中身を出してその中に足をつっ込み、足元の保温性を確保する。土の上に座るよりも下に落ち葉があったほうがベターだ。

GPSアプリの機能

GPSとは

カーナビの普及もあり、今ではその名が一般的となったGPS（Global Positioning System）。そもそもGPSはアメリカが軍事用に打ち上げた複数の衛星からの信号を受信し、現在位置を把握するシステムが始まり。このシステムが一般にも開放されたことで、障害物のない上部から信号を受信できる利点を生かし、登山用のGPS受信機も開発されるようになった。その一方、受信機の価格や操作手順の煩雑さがネックとなり、これまで利用者は一部に限られていた。

近年、スマートフォン内蔵のGPS機能に注目が集まり、登山地図と連動したアプリケーション（以下、アプリと略）が次々登場している。

GPSアプリの基本性能

現在地の表示

アプリのボタンに触れるだけの簡単な操作で、衛星からの信号を内蔵GPSが受信し、自分が今いる位置を、スマートフォンの画面に映し出した地図上に示してくれる。GPSによる位置情報は、基地局からの電波が届かない圏外でも受信可能。そのため、バッテリーの消耗を抑えるオフライン環境でも使用できるのが魅力だ。

地図の拡大・縮小

いずれのアプリも地図を拡大・縮小できるのが大きな特徴。紙の地形図では判読しにくかった個所を、画面上で任意の大きさに拡大することで、細かな尾根や沢を見分けたり、傾斜をより鮮明に知ることができる。

利用前の手順

まずはスマートフォンにGPSアプリをインストールのうえ、必要な地図を取得（ダウンロードまたはキャッシュ）する。これらの操作はいずれもオンライン環境で行なう。なお、地図の入手には有料と無料の場合がある。

紙の地図で培った蓄積が生かされた山と高原地図ホーダイ

主なGPSアプリと特徴

※各アプリの機能は2019年10月現在

山と高原地図ホーダイ
登山地図同様の見やすさが好評
ヤマプラやヤマレコとも連携

　登山地図の定番『山と高原地図』を出版する昭文社が開発を手がけたアプリ。紙地図でも評価の高い詳細なルート解説が反映されており、危険個所や見どころなどを事前に確認しやすい。ベースとなる地図の縮尺は5万分の1なので、比較的広い範囲を確認するのにも適している。地図は有料での購入（定額制月払い）になり、全エリアで最新版入手が可能だ（エリアごとに個別に購入する通常版もあり）。

YAMAP（ヤマップ）
使い勝手のよい地図とバランスの
取れた操作画面で親しみやすい

　無料会員登録により、用意されたすべての地図をキャッシュできる（有料会員は、プレミアム地図の利用など特典あり）。独自調査によるコースタイムをはじめ、ルート上の情報も充実しており、エリアの概要も閲覧可能だ。ログの記録、登山中の撮影データ整理、山行後のSNSとの連携など、操作はスムーズで使いやすい。パソコン用ウェブサイトからは必要な地図を出力でき、紙地図として携行するのに好適だ。

ヤマレコ
登山中に記録したGPSログを
写真やメモと一緒に投稿・公開

　ログデータや写真、メモを取り込んだ山行記録を、登山者向けコミュニティサイト「ヤマレコ」に投稿できる。集められたログデータは「みんなの足跡」として地図上に表示され、ほかの登山者によるルート確認などに役立てられる。利用にあたってはユーザー登録が必要。無料会員の場合、地図の入手点数に制限があるが、有料会員であれば無制限でダウンロードでき、登山届サービス「コンパス」とも連携している。

Geographica（ジオグラフィカ）
地図読みの醍醐味を漂わせ
特化した機能で独自路線を歩む

　オンライン環境で、画面に詳細地図と拡大地図を表示することにより、必要な地図を自動的にキャッシュできる機能をもつ。登山前に通過ポイントをマーキングすることでルートを登録でき、登山中は音声で知らせてくれるなど、ユニークな機能も多彩。地図自体はシンプルで、標準コースタイムの表示もない。そのぶん、利用者自身の読図能力が試されるアプリともいえる。1回の課金のみで機能制限を解除できる。

GPSアプリの魅力と落とし穴

アプリにはさまざまな機能がある

GPSアプリには、基本機能以外にも、現在地の高度を表示したり、登山口からの歩行距離を計測するなど、多くの機能が備わっている。アプリごとに機能面での特徴を打ち出し、ニーズに合うよう、さまざまな工夫が施されているので、ユーザーは使い勝手を比較し、自分に合ったアプリを選ぶとよいだろう。スマートフォンならではの特性を生かし、仕様や操作方法が逐次アップデートされるアプリもあり、今後さらに利便性が向上することが期待されている。

ヤマレコでログを記録中の画面。上部にデータが表示される

GPSアプリの便利な点

■ 現在地の高度がわかる

従来より親しまれてきた気圧高度計は、天候の移り変わりなどによる気圧の変化に数値が左右され、誤差を抑えるためのこまめな補正が欠かせなかった。GPSアプリでは衛星からの信号受信による精度の高い高度計測が可能になり、現在地と目的地の標高差も手軽に算出できるようになっている。

■ 歩いたルートを記録として残せる

GPSアプリにはGPSの軌跡をログデータ（いわゆる履歴）として記録し、地図上に反映する機能がある。山行後に自らの登山を振り返ったり、SNSなどに投稿して他人と共有するのに役立つ機能だ。登山中、道に迷ったときなど、歩いてきたルートを忠実にたどることで、正規の登山道に戻ることができる。

なお、ログデータの記録間隔は任意に設定でき、頻度が多いほど、GPSの軌跡を詳細に記録できる。その反面、衛星の信号を頻繁に受信するため、バッテリーの消耗が早くなる。

■ 歩行距離や所要時間がわかる

ログデータの記録は、登山後だけでなく、登山の最中でも活用できる。たとえば登山口で記録を開始すれば、自分がたどってきた道を地図上に示してくれるだけでなく、登山口から現在地までの歩行距離や所要時間を瞬時に教えてくれる（音声サービスを備えたアプリもある）。このように具体的な数字を登山中に知ることで、休憩の入れ方やペース配分が調整しやすくなる。

GPSアプリに不向きな点

▨ ルート全体を把握しにくい

予定している登山ルート全域や遠くに見える山を知ろうとする際、広範囲にわたって地図を映し出す必要がある。しかし、スマートフォンの画面サイズには制約があるため、地図を縮小することで山の起伏を読み取りにくくなるなど、地図自体の精度が低下してしまうのが難点だ。コースが長くなるほど、こうした傾向は顕著になり、登山口から下山口までを地図で追うのにも不便が生じるようになる。

▨ エスケープルートを探しにくい

急な天候の悪化やケガ、体調不良など、登山にはアクシデントがつきもの。速やかに下山するため、予定とは異なるエスケープルートを探そうとしても、GPSアプリの広域図では下山口までの距離感などをつかみにくい。

▨ 地形により測位精度が低下する

衛星から届く信号を受信して現在地を割り出すGPSだが、決して万能ではない。谷や沢筋など、障害物の多い場所では測位精度が低下し、正しい現在地を示さないことがある。そのためGPSアプリの情報を過信せず、周囲の地形から現在地を把握できる読図力も必要になる。

GPSアプリの落とし穴

▨ 必要な地図を取り込み忘れた

スマートフォンにGPSアプリがインストールされていても、肝心の地図がなければ役に立たない。オフライン環境では地図を取り込むことができないので、事前の準備は万全に。

▨ アプリ頼みが遭難の一因に

必要な地図を取り込んだだけで安心してはいけない。GPSアプリに信頼を寄せるあまり、事前にコース状況をよく調べず、思った以上に時間がかかったり、無謀にも難コースを下山して遭難につながる事例が、多数報告されている。

▨ 思いがけないスマートフォンの不具合

仮に準備万端で登山を始めても、スマートフォンはあくまで電子機器にすぎない。過失や故障が原因で、思いがけず不具合が生じることがある。不測の事態に備えるためにも、紙の地形図やコンパスを必ず併用すること。

▨ 機種はなるべく新しいものを

新しいスマートフォンほど内蔵GPSの性能が高い傾向がある。製造から年月の経過した中古品でのアプリ使用は極力避けたい。また格安スマートフォンの中には、GPSの精度が落ちるものもある。

アプリ使用に際して知っておきたいこと

▨ バッテリーの消耗を抑える

→機内モードに設定し、できればモバイルバッテリーも携行したい。低温下やログ機能の使用は消耗が早くなる点にも留意すること。

▨ スマートフォンを水に濡らさない

→できれば防水仕様の機器を使用し、水濡れ防止対策も忘れずに。

▨ 磁気を近づけない

→スマートフォン用ケースの磁石も電子コンパスに悪影響を及ぼす。

▨ 歩きながら使用しない

→登山道には危険個所が多く、よそ見は命取りになりかねない。

機内モードの設定画面例

145

フィールドでGPSアプリを活用する

地図読みができてこそGPSアプリも活用できる

GPSアプリで利用される地図は、等高線や地図記号が示された地形図をベースとしているものが多い。現在地の確認やログの記録だけでは、機能を十分に活用しているとはいえない。

ここで大切になるのが地図読みの知識だ。画面に示された地形図を適宜拡大・縮小することで、現在地から先の登山道の状況を事前に察知できる。仮に視界がきかない場合でも、適切な読図により、危険を回避したり、道迷いの懸念を減らすことにつながるだろう。

登山道の標高差や傾斜を知る

登山道の傾斜を知る前に、まずは自分が利用するGPSアプリのベースとなる地図の縮尺を調べておこう。国土地理院の2万5000分の1地形図であれば等高線（主曲線）は標高差10mおき（太い計曲線は50mおき）、縮尺が5万分の1の山と高原地図ホーダイの場合は主曲線が20mおき（計曲線は100mおき）になる。

このことを踏まえたうえで、目的地までの標高差を等高線の本数から割り出すことになる。スマートフォンの場合、画面上で知りたい場所を拡大できるため、紙の地図に比べて標高差を計算しやすい。ただし、あまり拡大しすぎると、等高線の間隔が狭いか広いかがわかりにくく、傾斜が急か否かの判断が難しくなる。その場合は、ある程度広範囲の地図で周辺との傾斜の差を確認したほうがよい。

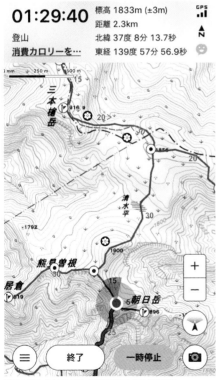

地図の見やすさでも高い評価を得ているYAMAP

現在地とピークの標高差がわかればペース調整に役立つ

GPSアプリの操作方法は事前にしっかり覚えておこう

登山道のアップダウンを知る

　登山道には名のついた山以外にも小ピークが潜んでいる。めざす山の手前に小さなアップダウンが続き、思いがけず疲れがたまったり、時間を要したりした経験のある人も多いだろう。GPSアプリを利用すれば、この先のルート上に小ピークやアップダウンがあるかを事前に詳しく確認でき、ペース配分もしやすくなる。また、間近に見えているピークが目的の山なのかを知るのにも役立つ。

コースの特徴を知る

　ベースの地図から登山道の傾斜やアップダウンを知ることで、これから歩くルートが尾根道であるのか沢道であるのか、あるいは斜面をトラバースするのかなど、コースの特徴を知ることができる。

　たとえばさえぎるもののない稜線上にルートがある場合、強風による体の冷えや太陽の直射による熱中症、雷への注意などが必要になる。沢筋であれば、降雨後の急な増水などにも気をつけなければならない。コースの特徴をあらかじめ把握しておけば、もしものときに、冷静かつ安全な行動をとることも可能になる。

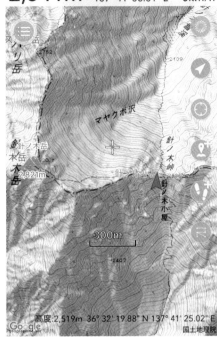
Geographicalはベース地図の表示切り替えも可能だ

コースのポイント地点を知る

　「尾根から外れる」「沢筋をたどりながら渡渉する」「険しい岩場のピークの南側を巻く」など、読図の知識を活用すれば、この先のコースのポイント（目印）となる地点を事前に把握できる。コースを先読みすることで、そのポイントを通過したときに、わざわざGPSアプリで確認しなくても現在地を掌握できるようになる。こうした事前チェックの積み重ねが、危険察知能力を高め、道迷いの防止にもつながる。

　なお、国土地理院の地形図にルートのつき方が誤った登山道が記されていることもある。このようなケースに出会った場合も、周囲の地形から現在地を割り出せれば、慌てず冷静に対処できるだろう。

❶
山の標高はなぜ変わる？

国土地理院が山の高さを変更することがある。火山活動などによって山が隆起したり、沈んだりして標高が変わることもあるが、それ以外にも標高が変更されるケースがいくつかある。

山の高さが変わることがある。もちろん、頻繁に起こることではないが、標高が見直されるにはいくつかのケースがある。

まず、地震や噴火、そのほかの自然災害などによって地形が著しく変化したとき。次に、山頂付近にある三角点や標高点の数字をその山の標高としていたが、最高地点がほかにあることが明らかになった場合。また、改測（再び測量を行なうこと）などによって三角点の標高が改定されることや、それまで地形図に誤った標高が表記されていて変更される場合もある。最近では南八ヶ岳の横岳で現地測定が行なわれ、2019年1月に最高点の標高が1m高くなって2830mに更新された。

国土地理院は日本の主要な山の位置や標高を掲載した『日本の山岳標高一覧―1003山―』を1991年にまとめているが、その際に1003山の最高地点の標高を調査している。調査は2万5000分の1地形図をチェックしながら行な

われ、地形図で三角点や標高点のあるところが最高地点であるとわかる場合には、三角点や標高点の値をその山の標高とした。山頂に標高が示されていなかったり、最高地点のある峰があった場合には写真で測量して最高地点の高さを割り出した。実際、最高地点と三角点のある地点が異なる山は数多くある。たとえば北アルプス・穂高連峰の涸沢岳は三角点（3103m）の南側に標高3110mの最高点がある。一方、前穂高岳は三角点（3090m）の場所が最高点になっている。

なお、この標高一覧作成のための調査を行なったときに写真測量では高さが求められない山も5座あった。その5座については現地での測量を実施している。

長らく三角点がなかった剱岳

標高が変わることで話題になったのは北アルプスの剱岳だ。この剱岳に、国土地理院の前

相模湖の南に位置する石老山も最高点（702m）と三角点（694m）の両方がある山。露岩帯や高みなどがあって頂上部で10m前後の標高の違いがある山は多い

「岩と雪の殿堂」と称される剱岳の山頂直下。時代は変われども、剱のピークを制覇するには困難をきわめることに変わりはない

身、陸軍参謀本部陸地測量部の柴崎芳太郎測量官が三角点を設置するために登頂したのは1907（明治40）年のこと。さまざまな困難を乗り越えて登頂を果たしたものの、三角点を設置することはできなかった。この登頂までの苦難の道のりは新田次郎の小説『劔岳　点の記』によって広く知られるようになった。

劔岳は北アルプス北部を代表する名峰だが、その後、山頂部に三角点が設けられることはなかった。2007年に柴崎測量官が劔岳に登頂してから100年を迎えることから、国土地理院は「劔岳測量100周年記念事業」の一環として、2004年に劔岳に三等三角点を設置し、測量を行なうことになった。

それまでの劔岳の標高は2998mで、3000mに2mほど足りなかったので、この測量によって劔岳が3000m峰の仲間入りを果たすのではないかと、地元の富山県立山町や上市町では期待が高まった。

山頂の一角に設置した三角点でGPSを使った測量を行なったところ、三角点の標高は2997.1mであった。そして、山頂部の最高地点は三角点から南西方向へ13mほど離れたところにある岩の上であることが判明。その地点の標高は2999mで、3000mにはわずか1m、およばなかった。

標高の変更で明暗が分かれた山

2014年に三角点の標高成果の改定に伴って87山の標高が変更された。48山が1m高くなり、39山が1m低くなったが、わずか1mの変更でも山の印象が変わった山もある。岡山市に位置する金山の変更前の標高は500mだったが、1m下がったことで400m台の山になった。また、霊峰として知られる福岡・大分県境の英彦山も1200mから1199mに変更された。

逆に1m高くなって注目を浴びたのが南アルプスの間ノ岳だ。それまでの標高は3189mで、日本第4位の高峰だったが、3190mになって北アルプスの奥穂高岳と肩を並べて3位に浮上した。なお、三角点が設置されている間ノ岳の標高は正確には3189.50m。一方、奥穂高岳には三角点がないため標高は整数のみが表示されている。このほか、南アルプス・荒川三山の中岳も1m高くなって3084mとなり、北アルプスの中岳と並ぶ第12位にランクアップした。

南アルプスの北部、日本第2位の高峰・北岳の南にどっしりとそびえる間ノ岳。2014年に順位をひとつ上げて第3位の高峰になった

2010年以降に標高が変更になった主な山

山名	エリア	標高	旧標高との差
羅臼岳	北海道／知床連峰	1661 m	＋1 m
幌尻岳	北海道／日高山脈	2052 m	－1 m
八甲田大岳	青森／八甲田山	1585 m	＋1 m
栗駒山	岩手・宮城	1626 m	－1 m
大朝日岳	山形／朝日連峰	1871 m	＋1 m
磐梯山	福島	1816 m	－3 m
間ノ岳	南アルプス	3190 m	＋1 m
赤石岳	南アルプス	3121 m	＋1 m
横岳	八ヶ岳	2830 m	＋1 m
蓼科山	八ヶ岳	2531 m	＋1 m
笠ヶ岳	北アルプス	2898 m	＋1 m
笹ヶ峰	石鎚山脈	1860 m	＋1 m

会津の名峰・磐梯山。2010年に三角点を設置しなおしたことによって1819mだった標高が3mほどダウンした

地形図の名称の決め方

「富士山」「大雪山」「立山」「赤石岳」……。地形図の名称に使われている山は数多くあるが、この図名はどのようにしてつけられたのだろうか。ここでは図名の決め方などについて紹介していこう。

国土地理院の「平成25年2万5千分1地形図図式」では地形図の図名の選定方法についても規定している。そのひとつは漢字で8文字以内、かつ読み仮名で15文字以内であること。そして、その図内にある居住地名のうち、最も著名なものを図名に選定することになっている。たとえば、東京駅が載っている2万5000図の名称は「東京首部」で、その西側の図名を順に紹介すると「東京西部」「吉祥寺」「立川」で、東側は「船橋」「習志野」「佐倉」になっている。大阪駅は「大阪東北部」と「大阪西北部」の両方に掲載されており、その西側は「西宮」「神戸首部」だ。

図名に適した居住地がない場合には、行政名または自然地名が選定される。自然地とは山や川、湖などのことで、「中禅寺湖」「奥利根湖」「札内川上流」など、多くの自然地が図名に採用されている。

名称として居住地を優先しているため、都市に近い山は図名になりにくい。たとえば、首都圏ハイカーに人気の高い高尾山は「八王子」と「与瀬」に、神戸市の北に位置する六甲山周辺は「宝塚」や「有馬」などの2万5000図に収録されており、高尾山稜と六甲山地の山はいずれも図名には選ばれていない。

どんな山が図名になっている?

右ページに5万図の名称になっている主な山を紹介したが、5万図で80座を越えていて、2万5000図まで含めるとかなりの数に上る。特に北海道には図名に採用された山が数多くある。都道府県別でダントツの広い面積をもつ北海道には範囲内に居住地がない2万5000図も少なくなく、幾春別岳のような登山の対象としてはマイナーな山も名称になっている。また、「阿寒湖」「日高幌別川上流」など、湖や川も多く図名にとられている。

図名に選定された山を見ると、やはり有名な

人気山域の北アルプスでは槍ヶ岳、穂高岳、立山、剱岳、白馬岳など12の山が2万5000図の図名に

四季を通じてハイカーでにぎわう高尾山稜だが、居住地に近接しているため、図名に選ばれた山はない

北海道の摩周湖も5万図の名称に。北海道では山だけでなく、湖や川の名前も多く図名に用いられている

山麓に立つ二荒山神社のご神体である男体山。山麓に有名な中禅寺湖があるが、5万図の名称に採用された

山が多い。信仰の対象となってきた富士山や月山（がっさん）、男体山（なんたいさん）、立山、御嶽山（おんたけさん）などの霊峰はいずれも5万図の名称にもなっている。こうした信仰の山は古くから地域の人々に敬われ、親しまれてきた山なので、図名に採用されたのはもっともなことだといえるだろう。

20万図の名称になっている山も

20万分の1地勢図には2万5000図64面分の広い範囲が掲載されている。この20万図の名称を見ると「東京」「札幌」「名古屋」といった都市名が圧倒的に多いが、「八丈島」「屋久島」「奄美大島」などの島名が図名になっているものも少なくない。

じつは、この20万図の名称になっている山が3座あるが、どの山かわかるだろうか。日本一高い富士山、それとも北アルプスのシンボル・槍ヶ岳？

残念ながら、富士山は20万図「甲府」、槍ヶ岳は20万図「高山」の中に収められている。正解は北海道の夕張岳、四国の剣山（つるぎさん）、九州・鹿児島の開聞岳（かいもんだけ）だ。

20万図の「剣山」と「開聞岳」は図内の半分くらいを海が占めている。とはいえ、「松山」「高知」「鹿児島」「宮崎」などと並んで図の名称に選ばれているので、地域で親しまれている山であることがわかる。

「剣山」と「開聞岳」は5万図と2万5000図の名称にも採用されているが、「夕張岳」の20万図内には「夕張岳」という5万図はない。2万5000図には「夕張岳」があって、5万図の「石狩金山」の範囲内に入っている。このことから、20万図の名称は夕張山地の意味合いからつけられたもので、2万5000図の名称のほうが夕張岳そのものからとられたものであると推測できる。

5万分の1地形図名に使われている主な山

北海道 ピッシリ山、斜里岳、藻琴山、暑寒別岳、大雪山、旭岳、石狩岳、十勝岳、幾春別岳、幌尻岳、イドンナップ岳、神威岳、楽古岳、樽前山、大平山、狩場山、遊楽部岳、駒ヶ岳、恵山、大千軒岳

東北 八甲田山、田代山、八幡平、早池峰山、森吉山、太平山、鳥海山、焼石岳、栗駒山、湯殿山、月山、朝日岳、飯豊山、吾妻山、磐梯山、燧ヶ岳

関東・中部 那須岳、男体山、守門岳、八海山、苗場山、岩菅山、榛名山、金峰山、富士山、蓼科山、八ヶ岳、赤石岳、宝立山、妙高山、白馬岳、立山、槍ヶ岳、乗鞍岳、御嶽山、白木峰、白山、荒島岳、能郷白山、冠山

近畿・中国・四国 御在所山、高見山、大台ヶ原山、吉野山、山上ヶ岳、釈迦ヶ岳、高野山、伯母子岳、大江山、大山、剣山、石鎚山

九州 阿蘇山、諸塚山、尾鈴山、八方ヶ岳、脊振山、霧島山、野間岳、開聞岳

❸
建物や特定地区の記号

ここでは、平成25年図式の地形図に使用されている建物などの記号を紹介する。登山コース中で見かける建物は限られているが、最寄りの鉄道の駅から登山口へ向かう途中に立っているものは多いので、覚えておくとよい目印や目標物にできる。

町村役場

政令指定都市の区役所もこの記号で示される。市役所の記号は二重丸になっている。

警察署

交番は縦に長い×印で、こちらは各地域にある警察本部や警察署に表示される記号。

消防署

職員が常駐している場合は支所や出張所でもこの記号が適用される。

郵便局

おなじみの記号。期間限定で開設される富士山や白馬岳の郵便局にも記号が表示されている。

小・中学校

大学には記号がなく、名称が表示される。高等学校は「文」を丸で囲んだ記号。

病院

すべての病院に表示されているわけではなく、救急病院と救急診療所に適用される。

保健所

病院記号と似ているが、こちらは地域保健法によって定められた保健所の記号。

官公署

法務局や年金事務所、合同庁舎など、多くの施設に用いられている記号。

図書館

公立の図書館で、分館には適用されない。図柄が本なのでわかりやすい。

博物館

博物館法に規定された博物館および文化財保護法に定義された国立博物館が該当。

老人ホーム

杖が描かれた記号で、2006年に作られた。特別養護老人ホームなどに表示される。

神社

有名なものやよい目標になるものに表示される。山中にもよく見られる記号。

寺院

表示される基準は神社と同じ。記号は表示されずに、寺名が載せられていることもある。

風車

天城山の万二郎岳からは南側に風車が見えるが、地形図上にもこの記号が並んでいる。

発電所等

発電所のほか、電気の電圧を変える変電所、電路を開閉する開閉所にこの記号が置かれる。

墓地

地形図上で5㎜×5㎜以上となる広さの墓地やその地域でよい目標となるところに示される。

城跡

東京の八王子城跡や新潟の春日山城跡などの山城跡には史跡の記号が適用されている。

史跡・名勝・天然記念物

文化財保護法に基づいて指定された史跡・名勝・天然記念物に適用。名称も載せられる。

地図と登山の用語解説

地図や登山に関する表現には専門用語が多い。ここではそうした用語の中から覚えておくと参考になるものの意味をレクチャーする。

地図や地理に関する用語

一条河川

地形図では常時流水がある川が一条河川と二条河川に分けて表示されている。広い川には二条河川の記号が用いられているが、川幅が5m未満で表示が難しい場合には一条河川が適用され、山岳地の上部にある流れはこの一条河川であることが多い。たとえば、北アルプスの上高地を流れる梓川は二条河川で描かれているが、横尾谷に分かれたあと、標高1670m付近から上部は一条河川となっている。

中央アルプスを流れる太田切川。山麓では二条河川だが、上流へ行くと川名も変わって一条河川の表現になる

雨裂（うれつ）

雨水の流れによって地表面にできた谷状の地形を指す。この雨裂の記号は茶色でビックリマーク（感嘆符、エクスクラメーションマーク）の形をしていて、平成25年地形図図式が用いられている地形図では記号凡例の中でいちばん右の段の上に紹介されている。

おう地（凹地）

周囲の地形よりもくぼんだ地形になっていると

ころ。山麓へ向かって長く斜面がえぐられている谷地形とは異なり、局地的にへこんでいる部分を指す。

周囲よりも落ち込んだ地形になったおう地。地形図では大きさによって2種類の記号が使われている

子午線（しごせん）

子午線はときどき耳にすることのある用語だが、同じ経度の地点を結んだ線である経線と同じだ。イギリスの旧グリニッジ天文台を通る経度0度の子午線は本初子午線（またはグリニッジ子午線）と呼ばれる。日本の標準時を決める子午線は東経135度の経線で、兵庫県の明石市などを通っている。本初子午線上の時刻を世界時といい、日本標準時はこの世界時と9時間の時差がある。

真位置（しんいち）

ものが実際にある位置のことを真位置といい、地形図上で記号は真位置に置かれるのが原則である。電波塔や煙突などの横から見た形が記号化されたものは、記号の下部の中央がその真位置になる。

図歴（ずれき）

地形図を作成するにあたって測量した年や修正した年を示したもの。国土地理院のホームページ内にある「地理空間情報ライブラリー」で地形図の図歴を見ることができる。

整飾（せいしょく）

地形図の図郭の周囲には、図を読解できるように、地図記号の説明や地形図番号、地域図、地形図の基準などが表示されているが、これらのことを整飾と呼ぶ。

総合描示（そうごうびょうじ）

市街地などで建物が密集している場合、地図で建物数軒をまとめた密集地として表示されることがあるが、これを総合描示という。特に小縮尺の地図で総合描示が行なわれやすい。

店が連なる商店街や家々が立ち並ぶ住宅街にある建物は総合描示されることがある

地勢（ちせい）

山や河川の位置や高低差など、その土地の地形や自然の様子を意味する言葉。国土地理院の20万図は「地形図」ではなく、「地勢図」という名称になっているが、「地形の大勢を表す図」という意味からこの名称になったとされている。

転位（てんい）

平成25年地形図図式では表示する対象となるものの位置が近すぎていて、両方を実際にある位置に置くと重なってしまう場合、どちらかをわずかにずらした場所に置く。この位置をずらすことを転位という。転位にあたっては優先順位が決められている。

電子国土基本図

国土地理院が整備する地形図や空中写真などのデジタルデータ。2万5000分の1の縮尺レベルの精度に限定することなく、より精度の高いものを含んだ日本全域の基盤データで、道路・建物などの電子地図上の位置の基準である項目と、植生・崖・岩・構造物などの土地の状況を表す項目とをひとつにまとめている。ウェブサイトの「地理院地図」で閲覧できる。

等深線（とうしんせん）

標高の等しいところを結んだ等高線に対し、水深の等しい地点をつないだ線を等深線と呼ぶ。2万5000分の1地形図では等高線と同じく10m間隔で入れられており、50mおきに太い計曲線になっている。水深の浅い山上の池や沼などにはこの等深線が入れられていないが、芦ノ湖や河口湖、猪苗代湖など、山麓の湖には表示されている。

福島の猪苗代湖。こうした湖には等深線が入れられているが、水深が10mない山上の池には表示されていない

標高点

測量によって標高を測った点のこと。地形図上では黒い小さな丸で示され、そのそばに標高の数字が入れられていて、山岳地だけでなく、都市部の地形図内にも置かれている。この標高点の数字には「725.8」というように小数点まで表示されているもの（現地測量によって測ったもの）と、「563」のように整数のみが示されているもの（写真測量によって測ったもの）がある。

登山や地形に関する用語

アプローチ

鉄道の駅やバス停から登山口までの行程のことで、登山口までの林道歩きの行程を指すこともある。岩登りでは、取り付く岩壁までの道のりをアプローチと呼ぶ。

エスケープルート

天候が急変したり、ケガなどのアクシデントがあった場合に利用する、なるべく時間をかけずに下山できる道のこと。山を歩く計画を立てるときには必ずこのエスケープルートも考えておく。危険な場所を避けるためにつけられた道を指すこともある。

けもの道

山に生息する動物が通ることによってできた踏み跡のことで、シカやイノシシなど、それぞれの動物特有の道がある。不明瞭なものも多いが、山歩きのときに誤って入り込まないように注意したい。

高層湿原

北国の山々や標高の高いところにある湿った場所では気温が低いために枯れた植物が分解されずに積み重なっていく。積み重なったものは泥状態の炭という意味から泥炭層といわれ、その上に湿原が形成され、ミズゴケでおおわれる。そして、泥炭の堆積が進むと湿原の水位よりも盛り上がった高層湿原となる。このように「高

広大な湿原が広がる尾瀬には高層、中層、低層の湿原があり、湿原によって見られる植物も違っている

層」とは標高の高い場所ということではなく、湿原の水位よりも高いという意味で、中層湿原と低層湿原もある。

行動食

山で休憩するときに食べる食料のこと。一般的には煮たり、焼いたりせずにそのまま食べられるもので、昼食をとらずに行動食ですませると行動時間の短縮につながる。この行動食には菓子パンやクッキーなど、好みのものを持っていくといい。また、万一のアクシデントに備えて用意しておく食料を非常食という。この非常食には軽量でカロリーが高く、そのまま食べられるものがよく、ナッツ類やドライフルーツなどを持っていく登山者が多い。

縦走

尾根伝いにいくつかのピークを越えていく登山スタイルのこと。「白馬三山縦走」「奥秩父主脈縦走」というように表現される。

複数のピークを踏破する縦走は登山の醍醐味が凝縮されている。長期にわたる縦走には体力や経験も必要となる

ツエルト

緊急時などに使用する簡易テント。テントと違って床面が縫い合わされていないぶん、軽量で収納するとコンパクトになる。寒さの厳しい場所で休憩するときにかぶったり、下に敷いたりして、シートとしても使用できる。

つづら折り

何度も折り曲がるように、ジグザグを切って続

いている坂道のことで、傾斜が急な斜面につけられていることが多い。

渡渉（としょう）

沢の流れを渡ることで、渡る地点のことを渡渉点という。流れの中にある石伝いに渡ることもあれば、ヒザくらいまで水につかって渡渉することもある。歩いて渡ることから「徒渉」という表現も使われている。

コース中では渡渉点を見落とさないようにしたい。沢の水量が増えると渡渉が困難になる場合もある

トレイル

登山道をトレイルと呼ぶことも多く、「トレイルをたどる」「トレイルが続く」というように表現される。人が歩いた踏み跡を指すトレースという意味で用いられることもある。

パッキング

ザックに装備を詰めること。背負ったときにバランスが悪くならないように、軽量のものは下へ、重いものは上へ入れるのがパッキングのコツ。また、雨具や休憩時に食べる食料などはすぐに取り出せる位置に入れておく。

ピークハント

山頂に立つことを目的とする登り方のこと。必ずピークまでの最短コースを選んで登ったり、休憩をほとんどとらずにただひたすら登り、登頂だけを目的としている登山者はピークハンターと呼ばれる。

ピストン

本来の意味は絶え間なく往復運動をすることだが、登山の場合には起点となる場所から山頂や目的地を往復することを指す。マイカー利用の登山では駐車場から同じコースを登り下りするピストン登山になることが多い。

ファーストエイド

応急手当のこと。山でケガしたときに備え、止血法などの応急処置の仕方を覚えておこう。絆創膏や三角巾など、応急手当のときに必要となるものをまとめたものをファーストエイドキットという。

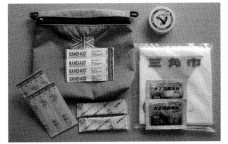

ファーストエイドキットの例。絆創膏や三角巾のほか、傷にぬる薬や常備薬などを携行しよう

ホールド

岩場を進むときに手がかりとなるもののこと。足場のことはステップという。岩場では両手両足の4点のうち、1点だけを動かしながら進む3点支持を守ろう。

リッジ

尾根や稜線のこと。ナイフのように両側が切れ落ちた稜線はナイフリッジと呼ばれる。

リングワンデリング

前へ進んでいるつもりで歩いていても、また同じ場所に戻ってきてしまうこと。広い平坦な場所など、地形的な特徴が少ないところで、視界のきかないとき（ガスが立ち込めているときや薄暗いときなど）に起こしやすい。

ルートファインディング

自分が進むべき正しい道を探すこと。ヤブにおおわれていたり、踏み跡が薄くて登山道がわかりづらい場所や雪山などでは、このルートを見つける力が要求される。

用 語 索 引 (50音順)

るるぶDo!
これで身につく山歩き
誰でもわかる地図の読み方

編 者　千秋社
発行人　今井敏行
発行所　JTBパブリッシング
印刷所　JTB印刷

JTBパブリッシング
〒162-8446　東京都新宿区払方町25-5
https://jtbpublishing.co.jp/

［図書のご注文は］
販売　☎03-6888-7893

［本書の内容についてのお問い合わせは］
編集　☎03-6888-7846

©sensyusya.co 2020
禁無断転載　223701
Printed in japan　491221
ISBN978-4-533-13849-2　C2026

◎落丁・乱丁本はお取り替えいたします

［インターネットアドレス］
おでかけ情報満載　https://rurubu.jp/andmore/

編集●千秋社
取材・執筆●武元千昭・田口裕子・横井広海
編集協力●酒井祖美
写真協力●大久保忠男・酒井祖美・種村 融・長崎仁一・中村成勝・長谷川 哲・花畑日尚・樋口一成・
　　　　　松倉一夫・横井広海・フォトライブラリー・PIXTA（ピクスタ）
イラスト●久保田 鉄
アートディレクション●江間恭司（JTB印刷）
デザイン●津山愛子（JTB印刷）
DTP・地図作成●千秋社
本書に掲載の地図は、国土地理院発行の20万分の1地勢図、5万分の1地形図、2万5千分の1地形
図及び1万分の1地形図を複製したものである。
本書の地図の作成に当たっては、国土地理院発行の2万5千分の1地形図及び数値地図50mメッシュ
（標高）を使用した。

JTBパブリッシング